Fernando Vítolo | Heródoto Barbeiro | Nilo Frateschi Jr.

A REINVENÇÃO DO RÁDIO
DO AM AO PODCAST

Editora Senac São Paulo – São Paulo – 2025

Administração Regional do Senac no Estado de São Paulo

Presidente do Conselho Regional: Abram Szajman
Diretor do Departamento Regional: Luiz Francisco de A. Salgado
Superintendente Universitário e de Desenvolvimento: Luiz Carlos Dourado

Editora Senac São Paulo

Conselho Editorial: Luiz Francisco de A. Salgado
Luiz Carlos Dourado
Darcio Sayad Maia
Lucila Mara Sbrana Sciotti
Luís Américo Tousi Botelho

Gerente/Publisher: Luís Américo Tousi Botelho
Coordenação Editorial: Verônica Marques Pirani
Prospecção: Andreza Fernandes dos Passos de Paula
Dolores Crisci Manzano
Paloma Marques Santos
Administrativo: Marina P. Alves
Comercial: Aldair Novais Pereira
Comunicação e Eventos: Tania Mayumi Doyama Natal

Edição e Preparação de Texto: Bruna Baldez
Coordenação de Revisão de Texto: Marcelo Nardeli
Revisão de Texto: Cibele Machado
Coordenação de Arte: Antonio Carlos De Angelis
Projeto Gráfico, Capa e Editoração Eletrônica: Natália da Silva Nakashima
Impressão e Acabamento: Gráfica CS

Proibida a reprodução sem autorização expressa.
Todos os direitos desta edição reservados à

Editora Senac São Paulo
Av. Engenheiro Eusébio Stevaux, 823 – Prédio Editora
Jurubatuba – CEP 04696-000 – São Paulo – SP
Tel. (11) 2187 4250
editora@sp.senac.br
https://www.editorasenacsp.com.br

© Editora Senac São Paulo, 2025

SUMÁRIO

NOTA DO EDITOR, 7
AGRADECIMENTOS, 9
ADVERTÊNCIA, 11
NÃO QUEIRA (RE)INVENTAR A RODA , 13

1. Preparado para o New Rádio?, 15
2. "Pra não dizer que não falei das flores", 19
3. Faísca dá aula inaugural de comunicação, 23
4. Anda para lá e para cá, 27
5. Ainda não foi desta vez, 29
6. O receptor é o verdadeiro comunicador, 31
7. Se pode descomplicar..., 33
8. Ondas do progresso: da escrita ao New Rádio, 35
9. "Uma coisa é uma coisa, outra coisa é outra coisa", 39
10. Bits e bytes em som, 43
11. Ondas digitais na era da conectividade, 47
12. A inteligência artificial e o rádio, 51
13. Usando a IA no New Rádio, 55
14. "Nunca é demais prestar atenção", 57
15. O rádio no metaverso, 59
16. Sintonizando o futuro, 63
17. A nova era da radiodifusão, 67
18. Todos contra todos, 69
19. As comunitárias agora também são New Rádios, 73
20. De onde vem a grana para manter o New Rádio?, 75

21. O novo ritmo da comunicação auditiva, 77
22. Do fio ao Wi-Fi, 81
23. 24/7/365, 83
24. Sala dos milagres, 87
25. A imagem não pediu licença e entrou no New Rádio, 91
26. A moeda número um do Tio Patinhas, 95
27. Faísca sai em busca de patrocínio, 99
28. As seis pragas das fake news, 103
29. Não deixe a carroça passar na frente dos burros, 107
30. Internet ao natural, 111
31. As redes sociais e o áudio, 113
32. Todo mundo "pod", 115
33. Da onda ao clique, 119
34. Conexões sem fronteiras, 121
35. Antes do www, 123
36. O alvorecer do rádio no Brasil, 125
37. A ascensão do rádio na Era Dourada americana, 127
38. 100 anos de rádio no Brasil, 129
39. O vestibular do Faísca, 133
40. Para não dar vexame, 135

EM BUSCA DA CREDIBILIDADE, 147
DEPOENTES, 149
TEM QUE LER!, 163
REFERÊNCIAS, 165
SOBRE OS AUTORES, 168

A REINVENÇÃO DO RÁDIO
DO AM AO PODCAST

Dados Internacionais de Catalogação na Publicação (CIP)
(Claudia Santos Costa - CRB 8ª/9050)

Vítolo, Fernando
    A reinvenção do rádio : do AM ao podcast / Fernando Vítolo, Heródoto Barbeiro, Nilo Frateschi Jr. – São Paulo : Editora Senac São Paulo, 2025.

    Bibliografia.
    ISBN 978-85-396-5391-1 (impresso/2025)
    e-ISBN 978-85-396-5392-8 (ePub/2025)
    e-ISBN 978-85-396-5393-5 (PDF/2025)

    1. Radiodifusão – Brasil. 2. Rádio. 3. Internet. I. Barbeiro, Heródoto. II. Frateschi Junior, Nilo. III. Título.

25-2398c   CDD – 384.54
                                                                      791.44
                                                       BISAC PER008010

Índice para catálogo sistemático:
1. Telecomunicações : Radiodifusão   384.54

NOTA DO EDITOR

Nas décadas de 1920 e 1930, famílias brasileiras se reuniam em torno de um aparelho nas suas casas para acompanhar notícias, músicas, programas. Um sucesso. Em 2022, o mesmo aparelho completou 100 anos de existência. Outro sucesso. Analógico ou digital, o rádio está aí para mostrar que deu certo.

Com a passagem do tempo, a chegada de novas tecnologias derrubou barreiras físicas, expandiu o alcance do rádio e redefiniu seu conceito original. Seja por ondas tradicionais, seja por um talk show, o rádio conquista hoje o coração, os ouvidos e até os olhos do público. E é esse dinamismo que Fernando, Heródoto e Nilo (e o gato Faísca, quase um coautor do livro) habilmente apresentam.

Ao longo desta narrativa, encontramos entrevistas e depoimentos de nomes consolidados no rádio e na televisão brasileira, como Cléber Machado, Adriana Reid, Mílton Jung, Afanásio Jazadji, Débora Alfano, Juca Kfouri, Sheila Magalhães, Osmar Santos e outros tantos.

Leve, bem-humorado e interativo, o livro captura com maestria a essência do rádio contemporâneo, destacando a maneira como ele se adapta às novas demandas do século XXI – no ar *e* on-line.

AGRADECIMENTOS

Alberto Pastre, Aldo Barduco, Annelise C. O. Gonzalis,
Dolores C. Manzano, Domingos Mamone, Dóris O. de Paulo Gonzalis,
Giovanna B. Frateschi, Giuseppe P. Frateschi, Juscelino B. Gonzalis,
Marcelo Mamone, Miguel Oliveira, Onofre Favotto,
Regina Bernardes M. da Silva, Thiago Uberreich
e
Jorge Guilherme, José Roberto Marinho, Paulo César Ferreira,
Sidney Rezende e Zallo Comucci, criadores da CBN.

Participam deste livro com depoimentos:

Adão Casares, Adriana de Barros, Adriana Passari, Adriana Reid, Adriano Barbiero, Afanásio Jazadji, Alexandre Ferreira, Amorim Filho (Mano Véio), Ana Pellicer, Anchieta Filho, Anderson Cheni, André Castilho, André Ranieri, Angelo Ananias, Antoninho Rossini, Antonio Toledano, Antônio Viviani, Arlete Taboada, Augusto Batalha, Bernardo Veloso, Braga Júnior, Camila Grecco, Carlos Henrique (Kaká), Carlos Maglio, Carlos Righi, Carlos Sílvio Paiaiá, Carlos Spina, Castilho de Andrade, Cátia Toffoletto, César Oliveira, Cesar Rosa, Claudio Junqueira, Cláudio Nicolini, Claudio Zaidan, Cléber Machado, Daniela Pedroso, Danilo Fuin, Danilo Telles, Débora Alfano, Debora Cristina Lopez, Débora Santilli, Devanir Bissoli, Diguinho Coruja, Dimig Seidenberger, Domingos Machado, Doni Littieri, Douglas Miquelof, Edemar Annuseck, Eduardo Montone, Elmo Francfort, Emerson Santos, Érico San Juan, Fabbio Perez, Fábio Zamana Santos, Felipe Santos, Felipe Xavier,

Fernando Gasparetto, Fernando Martins, Geraldo Leite, Geraldo Nunes, Haisem Abaki, Helvio Borelli, Ivo Bueno Ferraz, Izani Mustafá, Jaques Gersgorin, João Ferreira, João Umberto Nassif, Jorge Helal, Jorge Vinicius, José Abrão, José Abrão Filho, José Arbex Jr., Jota Júnior, Juca Kfouri, Júlia Lúcia, Juliana Paiva, Kaká Rodrigues, Karen Cristina Kraemer Abreu, Leila Mendes, Lilian Geraldini, Lívia Zanolini, Lorena Calábria, Luisa Borges Rocha, Luiz Carlos Ramos, Lula Vieira, Maiara Bastianello, Marcelo Duarte, Márcio Bernardes, Marco Massiarelli, Marcos Aguena, Marcos Júlio Sergl, Marquês, Maurício Guisard, Maurício Nogueira Tavares, Mauro Brandão, Michelle Gomes, Michelle Trombelli, Mii Saki, Mílton Jung, Miriam Ramos, Nelson Gomes, Oscar Ulisses, Osmar Santos, Osvaldo Lyra, Paulinho Leite, Paulinho Patto, Pedro Luiz Ronco, Pedro Trucão, Pedro Vaz, Pj Negreiros, Priscila Gubiotti, Rafael Righini, Raphael Rianelli, Regis Salvarani, Ricardo Beccari, Ricardo Côrte Real, Ricardo Shimada, Roberto Coelho Barreiro Filho, Roberto D'ugo Jr., Roberto Nonato, Roberto Souza, Rodolfo Bonventti, Rogério Assis, Roxane Ré, Rubens Palli, Rui Taveira, Salomão Ésper, Samuel Gonçalves, Samuel Mattos Heinzle da Silva, Sérgio Bocca, Sérgio Cursino, Sheila Magalhães, Silvio Ribeiro, Silzete Moreira Marques, Tamiris Felix, Thiago Uberreich, Toni Vaz, Valdenê Amorim, Vanessa Calheiros, Vera Moreira, Vicente William da Silva Darde, Vitor Brown, Wannessa Stenzel, Weber Laganá, Yara Peres, Zancopé Simões e Zeca Martins.

ADVERTÊNCIA

Nós somos o que fazemos repetidamente. A excelência, então, não é um ato, mas um hábito.

Aristóteles

O rádio no Brasil é um mosaico de vozes, histórias e inovações tecidas ao longo de décadas por milhares de pessoas apaixonadas. Com a evolução contínua trazida pelas novas tecnologias, como a inteligência artificial e o metaverso, essa rica tapeçaria se expande ainda mais e abraça o futuro sem perder suas raízes.

Reconhecemos que seria um desafio colossal capturar todas essas contribuições em qualquer livro. No entanto, com dedicação e entusiasmo, empreendemos a jornada para conectar-nos com muitos desses profissionais e pioneiros. Estamos imensamente gratos a cada um por compartilhar suas perspectivas e histórias, enriquecendo, assim, as páginas que você está prestes a explorar.

Este livro é uma aventura que transcende o papel, estendendo-se ao digital por meio de uma experiência dupla plataforma. Equipado com seu smartphone e os QR Codes disponíveis ao longo da leitura, você terá acesso a depoimentos exclusivos que darão vida às histórias e aos insights compartilhados, além de entrevistas com comunicadores, jornalistas, radialistas e publicitários.

Bem-vindo a esta jornada pelo universo do rádio brasileiro, uma viagem através do tempo, da tecnologia e da paixão, que moldaram e continuam a moldar este meio fascinante.

◆ Em tempo: não conseguimos impedir que o gato Faísca, folgado e atrevido, desse pitacos neste livro.

NÃO QUEIRA (RE)INVENTAR A RODA

Se, a princípio, a ideia não é absurda, então não há esperança para ela.
Albert Einstein

Em uma de nossas palestras pelas universidades nos cursos de jornalismo, rádio e TV, publicidade e outros de comunicação, perguntamos aos alunos: qual a diferença entre um programa de rádio e um podcast? Um aluno se arriscou e disse: "O podcast é mais descontraído!".

Na sequência, perguntamos se conheciam ou já tinham ouvido falar sobre o programa *Balancê*, comandado por Osmar Santos na Rádio Excelsior. Era um programa muito descontraído, com improviso, informação, cultura e doses de humor.

Por que estamos dizendo isso? Porque muitas vezes vieram outros antes de nós, os quais precisamos reconhecer, que fizeram um excelente trabalho, e nós achamos que hoje é uma novidade. *"Muita coisa de hoje é uma cópia do que já passou"*, interfere o Faísca.

Queremos incentivar você, leitor ou leitora, a buscar informações sobre esses profissionais do rádio e muitas rádios que abriram caminho para o que você vai conhecer logo a seguir: o **NEW RÁDIO**!

Aqui fica nossa singela homenagem para os profissionais que inovaram no rádio e que já não podem contribuir com seus depoimentos, mas cujas locuções e participações antigas podemos encontrar pela internet:

Adilson Couto, Altieris Barbiero, Antônio Augusto, Antônio Carvalho, Armindo Ranzolin, Barros de Alencar, Big Boy, Carlos Spera, Carlos Aymard, César de Alencar, Celso Guisard, Célio Soares, Cláudio Monteiro, Darci Israel, Deni Menezes, Doalcei Camargo, Edgard de Souza, Edmo Zarife, Edson Leite, Eli Coimbra, Enzo de Almeida Passos, Estevam Sangirardi, Fiori Gigliotti, Chico Anysio, Geraldo José de Almeida, Gil Gomes, Gilson Ricardo, Glênio Reis, Haroldo de Andrade, Haroldo Fernandes, Hélio Ribeiro, Heron Domingues, Humberto Marçal, Jayme Copstein, Jimmy Raw, Jorge Curi, Jorge de Souza, José Abelardo Barbosa de Medeiros (Chacrinha), José Daloia, Jô Soares, José Gil Avilé (Beija-Flor), José Lino Souza, José Paulo de Andrade, José Santa Cruz, Juarez Soares, Juçara Ferreira (Juju Carioca), Lauro Hagemann, Loureiro Júnior, Lourenço Diaféria, Luiz Augusto Maltoni, Luiz de França, Luiz Lombardi Netto, Luiz Mendes, Mário Moraes, Mário Vianna, Miguel Dias, Mílton Jung, Moraes Sarmento, Muíbo César Cury, Narciso Vernizzi, Nena Martinez, Odayr Baptista, Omar Cardoso, Orlando Duarte, Paulo Barboza, Paulo Edson, Paulo Giovanni, Paulo Roberto Martins, Pedro Carneiro Pereira, Pedro Luiz Paoliello, Randal Juliano, Raul Duarte, Raul Tabajara, Roberto Losan, Roberto Silva, Serginho Leite, Silvio Luiz, Sylvio Ruiz, Vicente Leporace, Waldir Amaral, Waldir Vieira, Walter Silva (Pica-Pau), Will Nogueira, Willy Fritz Gonser, Zé Béttio, Zora Yonara e Zuleide Ranieri Dias.

E, claro, também não podemos deixar de mencionar algumas rádios:

Rádio Alpha FM, Rádio Antena 1, Rádio Atlântida, Rádio BH FM, Rádio CBN, Rádio Clube Ceará, Rádio Difusora, Rádio Excelsior, Rádio Farroupilha, Rádio Gaúcha, Rádio Globo, Rádio Guaíba, Rádio Inconfidência, Rádio Itapema, Rádio Itatiaia, Rádio JB, Rádio Jangadeiro, Rádio Jovem Pan, Rádio Mayrink Veiga, Rádio Mundial, Rádio Nacional, Rádio Tupi, Rádio Trans Mundial e Rádio Verdes Mares.

No QR Code a seguir, você pode ouvir alguns desses profissionais atuando nas rádios citadas.

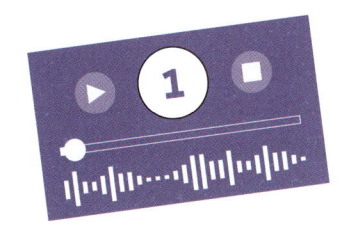

Preparado para o New Rádio?

Não se faz jornalismo sem correr riscos.
Heródoto Barbeiro

À medida que a humanidade avança em sua jornada tecnológica e digital, encontramo-nos à beira de uma transformação radical na forma como consumimos mídia. Neste cenário emergente, pela nossa perspectiva, demandamos um novo conceito, ou um novo nome para a fusão dos meios de comunicação. Quem sabe podemos adotar o New Rádio. *"O que é isso?", pergunta o gato Faísca.*

O New Rádio é fruto direto da revolução tecnológica e digital que atravessamos. Mais do que uma simples mudança de frequências, representa uma metamorfose completa do meio. Assistimos à transição das antenas físicas, marcos do rádio propagado por ondas eletromagnéticas, para o domínio do streaming on-line. Este salto não se limita a uma evolução tecnológica; ele carrega consigo uma transformação qualitativa profunda, redefinindo o conceito de rádio em si. *"Ah, acho que entendi. É um conceito que vocês criaram, certo?", intervém novamente o ansioso gato Faísca.*

A mudança para plataformas técnicas como o streaming não significa apenas uma nova maneira de transmitir conteúdo. Implica também uma reimaginação de como esse conteúdo é criado, distribuído e consumido. O New Rádio democratiza a produção de mídia, permitindo que qualquer pessoa com uma conexão à internet possa transmitir sua voz para o mundo. Esta é uma ruptura significativa com o modelo tradicional, que exigia infraestrutura física substancial e licenças de transmissão. Agora, a barreira para entrar no mundo do rádio é drasticamente reduzida. "A famosa democratização", complementa o Faísca.

Além disso, o New Rádio traz uma interatividade sem precedentes entre criadores de conteúdo e ouvintes. Por meio de feedback instantâneo via redes sociais e plataformas de streaming, os produtores de rádio podem ajustar seu conteúdo em tempo real para atender às demandas de sua audiência. Isso cria um ciclo de feedback virtuoso, em que o conteúdo é constantemente refinado e aprimorado com base nas preferências do ouvinte.

No entanto, essa transição não está isenta de desafios. Com a proliferação de conteúdo on-line, os produtores de New Rádio devem encontrar maneiras de se destacar em um mar de opções. Questões sobre direitos autorais, monetização e qualidade do conteúdo também apresentam novos obstáculos a serem superados.

Apesar desses desafios, o potencial do New Rádio é imenso. Ele oferece uma oportunidade única de reinventar a mídia radiofônica para a era digital, tornando-a mais acessível, interativa e diversificada do que nunca. À medida que avançamos nesta nova era, a pergunta que permanece é: estamos verdadeiramente preparados para abraçar o New Rádio?

A resposta pode estar na nossa capacidade de adaptar, inovar e acolher as mudanças que esta fase promete. O New Rádio não é apenas uma evolução tecnológica; é um convite para repensar nossa relação com a mídia, incentivando uma participação mais ativa e criativa de todos os envolvidos. Preparar-se para o New Rádio é estar pronto para explorar essas novas dimensões de comunicação, redefinindo o que significa ouvir e ser ouvido no século XXI.

Aproveitamos para convidá-lo para a primeira entrevista do livro: um bate-papo entre os autores Fernando e Heródoto – um episódio especial do canal do Fernando comemorando a marca de 200 episódios. Faça a leitura do QR Code com o seu celular ou tablet para acessar o episódio completo.

"Pra não dizer que não falei das flores"

*Prepare o seu coração
pras coisas que eu vou contar...*
Theo de Barros/Geraldo Vandré

Uma nova era sempre começa com a desintegração de outra. Assim a humanidade constatou as mudanças profundas que se desenvolveram na segunda metade do século XX. Graças à tecnologia, tudo ficou de pernas pro ar.

A humanidade também presenciou grandes tragédias: depois de milhões de mortes na Primeira Guerra Mundial, 50 milhões morreram em 1918 com a epidemia da gripe espanhola, e logo depois, em 1939, a Segunda Guerra matou outras 60 milhões de pessoas. Por outro lado, a mortalidade infantil caiu 90%, e as mortes de mães no parto caíram 99%. São as duas faces da mesma moeda. De quebra, o mundo assistiu à Guerra da Coreia, do Vietnã e muitas outras na África.

Como herança dessa época de rápido consumismo, os seres humanos consomem hoje 30% mais do que o nosso planeta é capaz de repor. Se o modo de vida ocidental fosse espalhado, seriam necessárias as reservas de três planetas Terras para satisfazer a todos. Se for o modo de vida americano, são cinco planetas. As ameaças são constantes para animais e plantas. O petróleo e o carvão se tornaram os vilões da poluição e do aquecimento global.

A população mundial caminha para 8 bilhões de seres humanos e explode na África, China e Índia. Há comida para todos? Pergunte ao reverendo Malthus. O cenário deixa o Faísca com a pelugem em pé.

Contudo, é neste contexto que o pilar da comunicação é o áudio: o rádio analógico. Até a década de 1950 ele reina soberano e diz às pessoas que elas precisam emprestar apenas a audição para se informar, cantar, dançar, aprender e saber o que se passa no mundo. *"Lend me your ears and I'll sing you a song"*, cantarola o felino plagiando os Beatles. Após 1950 se desenvolve a comunicação que precisa de dois sentidos: audição e visão. É a televisão. A telinha domina a comunicação do século XX e absorve grande parte das verbas publicitárias. Sobra pouco para o rádio analógico.

A tecnologia, mais uma vez, põe tudo de pernas pro ar. E agora digital. Inicia-se mais uma profunda mudança no mundo. **"Mudanças sempre existiram"**, ronrona o Faísca, **"mas não com a velocidade que vemos hoje"**. Nos últimos trinta anos, graças às tecnologias digitais e sem fio, a internet tornou-se universal, adquirível e acessível a quase todos no planeta Terra. **"Pergunte ao meu amigo Elon Musk"**, diz o arrogante gato.

O avanço da internet é um fenômeno nunca registrado que trouxe um volume de informações nunca imaginado. A World Wide Web instantânea, movida a dados móveis de Wi-Fi, possui custo baixíssimo e oferece informação de todo tipo. Nem precisa chamar o Google. Em outras palavras, estamos vivendo a época da informação, da internet e do rádio... digital. On-line, e não mais on air.

Mesmo com toda essa tecnologia, o rádio digital, ou New Rádio – como dizem os autores deste livro, assessorados pelo Faísca, que se intitula o mago dos bits e bytes –, está encarapitado em todos os equipamentos digitais disponíveis: do smartphone ao digital watch. Ainda exige que o público dispense um único sentido, a audição, mas tem plataformas de apoio com vídeo, interatividade, instantaneidade e alcance global.

No mundo atual, onde o público é rei, ele também pode decidir de quantos sentidos quer dispor para se comunicar. A nova tecnologia põe nas mãos e na imaginação do público como ele quer participar deste "admirável mundo novo". Que tal receptor e emissor ao mesmo tempo? Qualquer um pode ter o seu canto de emissão e contar com o alcance global, inclusive com tradução simultânea de idiomas. Acabou, de novo, a Torre de Babel.

É desse veículo que se renova (e o que se renova não morre) que tratamos aqui. Para acompanhar o avanço das tecnologias digitais, o New Rádio faz uso de sistemas computacionais, networks, sensores de toda ordem, câmeras e microfones sensualíssimos, inteligência artificial (IA), robótica, biotecnologia, bioinformática, impressora 3D, nanotecnologia, engenharia biomédica e sua interface com seres humanos. Há muito mais, mas o espaço acabou. "Concluindo", diz o Faísca do alto de sua sapiência, "há um mundo imenso para a comunicação via áudio digital ou New Rádio".

Faísca dá aula inaugural de comunicação

Quem não se comunica, se trumbica.
Chacrinha

Faísca, mascote do grupo que elabora este livro, resolveu aprontar. Primeiro derrubou todas as panelas da cozinha e ninguém percebeu. Depois se aproximou da mesa de trabalho e soltou um miado lânguido, com o recado: "Quero salllllmãooo". Todos entenderam. É melhor atender o Faísca, se não nem uma linha a mais deste livro vai ser escrita. Resumindo: se não tem repercussão, é ruído; se algum ser humano entende, é comunicação. Assim, podemos sintetizar que comunicação pressupõe percepção, expectativa e envolvimento. "Se não há receptor, não há comunicação", intervém o Faísca, cheio de orgulho e com um contrato para dar coautoria a ele neste livro.

A informação pressupõe o uso da comunicação, ainda que sejam assuntos diversos. A queda das panelas na cozinha não produziu som, só ruído, embora tenha gerado ondas sonoras. Se o som é criado pela percepção, é preciso ouvi-lo. Logo, o som é comunicação. Contradizendo o grande comunicador Chacrinha, citado acima, é o receptor que cria a comunicação, e não o emissor, como diz o Velho Guerreiro. Se não houver ninguém para ouvir, é ruído, e não comunicação. "Já deu pra entender", conclui o Faísca.

Miados não bastam, tem que ter unhas afiadas

*Num mundo inundado de
informações irrelevantes, clareza é poder.*
Yuval Harari

Faísca já recebeu até convites para dar palestras em empresas e faculdades de comunicação. O cachê dele é alto. O miado, ou melhor, a palavra, deve estar apoiada nos gestos, no tom de voz e nos meios sociais e culturais. Sem eles, a palavra não comunica. Para cativar a audiência, é preciso que o "Olá, gente, bom dia!" tenha ressonância. Para isso, tem que ter carinho, empatia, força e otimismo, como se você estivesse na torcida do seu time de coração na hora do gol. Não vamos citar clube para não dar pancadaria na equipe de redação do livro. Sem esses condimentos, portanto, a palavra não tem sentido algum.

O New Rádio, graças à tecnologia digital, agrega a imagem, os gestos, as feições, o tom de voz, as referências culturais: o meio todo contribui para que a palavra, o som, conquiste a atenção do público. "As entrevistas ficam melhores quando vejo o rosto do entrevistado, e, às vezes, até dou pitaco nos livros que aparecem atrás da imagem dele", diz o Faísca. O mundo, e não apenas o mundo material, é multidimensional, no entanto só conseguimos enxergar uma dimensão por vez. Aí entra o Faísca: "Lembra daquela velha história do grupo de cegos em que cada um entra em contato apenas com uma parte do animal? Cada um avalia patas, tromba, rabo e chega a conclusões diferentes?".

O rádio morreu? Confira a conversa entre o Fernando e o Nilo sobre o tema. Para acessar, basta fazer a leitura do QR Code com o seu celular ou tablet.

Anda para lá e para cá

Se quisermos que tudo continue como está, é preciso que tudo mude.
Giuseppe Tomasi di Lampedusa

De médico e louco todo mundo tem um pouco. Mas o Faísca diz que, além disso, entende também de astrofísica, física quântica, futebol, microbiologia, só para citar o que mais sabe. "Ah", diz o felino, "eu também entendo de New Rádio, jornalismo, redes sociais e por aí vai".

Graças às redes sociais, as pessoas não são mais caixas vazias. São competentes e sabem se comunicar. Basta ver a quantidade de espaços no espaço cibernético ocupado por emissores. Um bom produto de comunicação dá a essas pessoas o poder de julgar, de formar sua própria opinião sobre uma imensidão de assuntos.

O bom comunicador sabe como cair na graça do público. Sabe que as pessoas têm emoções, aspirações e conhecimentos. A difusão de um programa depende de um emissor, um receptor e um canal de comunicação, seja este a última conquista da IA ou aquele "telefone" feito de duas latinhas de molho de tomate da marca Elefante, com um fio esticado ligando uma à outra. "Prefiro a marca Gatão", interrompe o Faísca.

O destinatário da mensagem pode ter um comportamento passivo, ativo ou proativo. Hoje a maioria tem comportamento ativo. Assim todos são ora emissores, ora receptores de mensagens. As redes sociais mudaram quantitativa e qualitativamente as relações entre o emissor e o receptor. Se o receptor é passivo, ele recebe a mensagem e não reage. Se é ativo, reage a ela. Se é proativo, estimula o emissor a lhe enviar uma mensagem.

A mensagem deve ser adequada ao público-alvo a que se destina. Ela será eficaz se o emissor inspirar credibilidade; caso contrário, não terá qualquer efeito. "Veja", intervém o Faísca, "a gente vira e vira e toda hora cai nessa história da credibilidade, que coisa chata!". Por isso é preciso primeiro conquistar a confiança do público para depois comunicar-lhe algo.

Ainda não foi desta vez

Antes de criar, é preciso compreender.
Anônimo

Faísca já preparava um folheto sobre a morte do rádio para distribuir durante o velório e o enterro. Mas aí apareceu um tal de Kantar Ibope Media...

1. O rádio está em constante evolução e presente na jornada dos ouvintes. Vai além das tradicionais frequências FM e AM. Por meio de formatos inovadores, ele pulsa nas mentes, nos ouvidos e corações, uma vez que é consumido por oito em cada dez brasileiros.
2. O rádio é ouvido por 80% da população, sendo que cada ouvinte passa, em média, 3 h 55 min diariamente escutando rádio. O consumo é realizado, principalmente, em casa durante atividades cotidianas (58%), no carro/moto particular (27%) e no trabalho presencial (12%).
3. Os gêneros preferidos dos ouvintes, por sua vez, são música (94%), noticiário local (32%) e noticiário nacional (26%). O destaque para o consumo de conteúdos jornalísticos é evidenciado por dois motivos: agilidade (83% dos ouvintes acham que o meio apresenta as informações de forma rápida) e credibilidade (64% acreditam nas notícias que são transmitidas pelo rádio).
4. Hoje, 12% dos brasileiros ouvem rádio pela web em um período de 30 dias. Entre eles, o tempo médio diário dedicado é de 2 h 45 min. Esse hábito tem sido potencializado pela evolução tecnológica, que

permite apostar na mobilidade dos ouvintes. Isso fica claro quando se percebe que 67% do consumo do meio na web é feito pelo celular.

5. Graças à flexibilidade do rádio, os conteúdos produzidos por emissoras são ouvidos em várias plataformas digitais. Entre os ouvintes, por exemplo, 39% consomem conteúdo das emissoras via YouTube, 25% por redes sociais e 22% por podcasts.

6. Embora os podcasts sejam canais para consumo de rádio, não servem apenas para esse propósito. Eles contam com conteúdo próprio. Cinquenta por cento dos ouvintes de rádio afirmam terem ouvido podcasts nos últimos três meses – alta de 23% em relação ao último ano. Os temas preferidos são comédia (37%), música (34%), noticiário e política (23%), esporte (23%) e educação (22%).

7. Essa presença constante do áudio na jornada dos brasileiros faz do rádio uma ótima escolha para que as marcas conversem com o público. Isso fica ainda mais claro ao notar que, entre os ouvintes, 53% prestam atenção em anúncios nas emissoras. Os formatos mais lembrados são comerciais entre os programas e as músicas (50%), ações publicitárias feitas por locutores (27%) e promoções na programação (25%).

8. O rádio, inclusive, marca presença na estratégia de empresas líderes do mercado. Prova disso é que 99 dos 100 maiores anunciantes do país em 2022 utilizaram o meio em suas campanhas no primeiro semestre de 2023.

Adaptado de: Kantar Ibope Media (2023). Disponível em: https://kantaribopemedia.com/conteudo/inside-audio-2023/. Acesso em: 13 mar. 2025.

O receptor é o verdadeiro comunicador

A busca da isenção se faz andando em um fino fio de arame.

Heródoto Barbeiro

Esse título deve estar errado. Será que o revisor do livro deixou passar? "Calma!", diz o Faísca. "Sem o receptor, não há comunicação". Ele é o chefão. Sem a sua percepção e anuência, nada acontece. Pode falar o que quiser, se não falar a linguagem do receptor, nada feito. Alguns, para mostrar erudição, falam economês, juridiquês, futebolês, mediquês e ninguém entende nada. Não há comunicação. Está fora do alcance da maioria esmagadora do público. "Está falando para as baratas, e, ainda assim, só para algumas", exclama o Faísca, caçador de baratas. Portanto, é bom saber o que o receptor quer ouvir e se o que está sendo dito tem sua compreensão.

O verdadeiro comunicador é o receptor. Por isso, antes de iniciar um programa no New Rádio, é preciso identificar quais são as expectativas do receptor: o que ele espera do programa, o que quer saber naquele momento... Em suma, o apresentador tem que avaliar o seu público-alvo e compreendê-lo. Sem receptor, não há audiência, não há programa, não há comunicação. Não basta abrir o microfone, ligar a webcam e sair falando o que der na telha. "Como fazem os podcasts?", pergunta o Faísca.

As palavras do apresentador não são meras informações. Elas devem estar carregadas de emoção, geralmente otimistas, para despertar a atenção do público. Assim, o comunicador precisa estar no mesmo nível cultural do receptor. Usar jargões ou palavras rebuscadas pode dar a impressão errônea de erudição e criar uma comunicação de cima para baixo. "A comunicação deve vir de baixo para cima, do interesse do receptor e da obediência do apresentador. Se ele não for obediente, vai falar para as baratas. As mesmas", rosna o Faísca.

Se pode descomplicar...

"Então descomplica", alerta o Faísca.

Se não ouviu os dois lados, fique calado.

Anônimo

É vital para qualquer New Rádio o entendimento de que a comunicação deve acontecer de baixo para cima. Vale para as mídias comunitárias, os grandes conglomerados de mídia, as empresas públicas de comunicação e outras iniciativas públicas ou privadas. A quantidade de informações deve ser dosada para que o receptor entenda a mensagem. "Ou ele pula fora", diz o Faísca.

Com inúmeras plataformas, para mudar não precisa nem mais virar um botão, basta um toque na tela. Imagine a quantidade de informações em uma transmissão de áudio de um jogo de futebol. O narrador se esforça ao máximo para criar na cabeça da audiência uma imagem da bola rolando. Contudo, com o excesso de informações, mais confunde do que clareia a mente do torcedor/receptor. "É mais quando ele grita *goooooool*", completa o gato.

Quanto mais pessoal for a comunicação, maior a possibilidade de conquistar o coração e a mente da audiência. "Parece nome de filme", intervém o bichano. Portanto, o processo de informação depende cada vez mais da capacidade de comunicação do apresentador do programa. Ela deve ser acessível tanto para o emissor quanto para o receptor. O balanço da bolsa de valores interessa a todo tipo de investidor.

Os grandes têm suas análises on-line. O pequeno investidor confia que o comunicador vai explicar de forma didática por que ele ganhou ou perdeu dinheiro com sua aplicação. Um sabe e explica, o outro é capaz de entender. "Entendeu?", completa o Faísca.

Em resumo, sempre que possível, conjugar o verbo na primeira pessoa do plural. "Ahnnn, primeira do plural... Ah, sim, o *nós*", diz o bom aluno felino. Mantenha o ego sob controle, vamos voltar ao tema neste livro. É um erro que a comunicação funcione de mim para você. É eficaz quando eu, membro de um todo, falo para você, que faz parte dessa mesma totalidade.

Ondas do progresso: da escrita ao New Rádio

Nada é permanente, exceto a mudança.
Heráclito

Os mercadores fenícios, mestres do comércio antigo, elevaram sua competitividade ao inventar o alfabeto, um dos pontos de virada mais significativos na história da comunicação. "Mas o alfabeto dos felinos ninguém inventou, né?", reclama o gatuno. Essa inovação não só revolucionou o comércio, facilitando as transações e os registros, mas também teve um impacto profundo na cultura, preservando o conhecimento, a arte e a filosofia ao longo das eras – da Antiguidade até a Idade Média. Graças a essa invenção, obras fundamentais dos filósofos gregos, romanos, judeus e árabes, bem como textos sagrados como a Bíblia, foram meticulosamente copiadas e embelezadas com iluminuras nos mosteiros, ainda que seu acesso fosse restrito ao clero católico.

Na cidade de Mainz, perto de Frankfurt, na Alemanha, Johannes Gutenberg revolucionou ainda mais a disseminação do conhecimento com a invenção da prensa de tipos móveis. "Sem isso, seria impossível ter este livro aqui!", indica o perspicaz gato. A inovação democratizou o acesso aos livros, amplificando a produção da Bíblia em alemão por Martinho Lutero e desencadeando a Reforma Protestante. A tecnologia de Gutenberg abriu caminho para a proliferação de novos conhecimentos, desde literatura até descobertas científicas, remodelando a arte, a ciência e até mesmo o mapeamento do mundo, incluindo a descoberta da América.

Com a Revolução Industrial, houve um salto na produção em massa de bens culturais, reduzindo custos e inundando o mercado global. A evolução dos meios de comunicação, do telégrafo ao rádio e à televisão, moldou a sociedade capitalista e estabeleceu impérios de mídia com influência global. O século XX testemunhou, assim, o surgimento e a consolidação de veículos estatais de comunicação, amplificados pelos conflitos globais e pela Guerra Fria, servindo tanto a democracias quanto a regimes totalitários. "E as redes sociais no século XXI democratizaram a informação. Qualquer pessoa pode ser um emissor de informações", complementa o gato.

Veio a revolução digital, que transformou a comunicação de maneiras sem precedentes e desafiou a mídia tradicional com a emergência da era de Mark Zuckerberg. Podemos dizer que a internet e os smartphones empoderam indivíduos a se tornarem emissores de conteúdo, diversificando as fontes de informação e entretenimento. A adoção do metaverso promete levar a interação digital a uma nova dimensão, ampliando as fronteiras da nossa experiência on-line. "Hoje inclusive podemos ouvir rádios de todos os cantos do mundo da nossa própria casa, basta acessar o https://radio.garden/", indica o espertuno.

Ainda assim, a tecnologia digital tem suas limitações: dirigir enquanto se responde a uma mensagem ou assistir a um jogo no visor do carro permanece fora de alcance.

Com mais tecnologia

A internet deu voz para a maioria silenciosa.
Heródoto Barbeiro

O rádio soube se reinventar dentro desse novo paradigma, migrando do dial para plataformas on-line, podcasts, streamings e lives, mantendo sua essência auditiva e explorando novas formas de engajamento e criatividade. A esse novo rádio que também se propaga por plataformas digitais nós demos o nome de New Rádio. "Isso eu entendi lá no primeiro capítulo!", vocifera o Faísca.

Resumindo: um pequeno aparelho, o smartphone, comporta, entre outras coisas, câmeras, gravadores, rádio, TV, web browsers, mesa de edição, filmes, navegadores GPS, jogos de todo tipo, jogos de cartas, flashlights, mapas, atlas, enciclopédias, buscadores, textos, tradutores, app store, dicionários... "Chega!", grita o Faísca.

Para finalizar, com bilhões conectados à internet, novas inteligências são adicionadas a uma inteligência global, e, com isso, o mundo ganha com mais cultura, criatividade, sabedoria, inteligência, insights e experiências nunca vividas antes.

O estoque de conteúdo na internet é um componente essencial para o sucesso das comunicações. Hollywood produz cerca de 500 filmes por ano. É muito conteúdo! Mas ainda é bem menos do que a quantidade que chega no YouTube: aproximadamente 300 horas de vídeo por minuto. Com alcance global, sem ingresso pago e saco de pipoca. Atualmente, são aproximadamente 300 milhões de *views* por dia. "Não vou nem multiplicar por 24 horas, 7 dias e 12 meses para não perder", choraminga o Faísca, como se fosse noite de lua cheia.

Você já ouviu falar em *Balancê*? Além da música de Gal Costa, também era o programa comandado por Osmar Santos na Rádio Excelsior. Vem conferir as histórias dos bastidores com Yara Peres. Leia o QR Code para acessar.

"Uma coisa é uma coisa, outra coisa é outra coisa"

Vicente Matheus

"Eu protesto!", Faísca cai de garras afiadas sobre os autores. Não admite que roubem ideias do ex-presidente do Coringão, Vicente Matheus, só porque uma vez ele disse que quem sai na chuva é para se queimar.

Com toda a tecnologia à disposição das pessoas, é possível lançar mão de ferramentas, como a IA, para construir programas do New Rádio, podcasts, vídeos e outros espaços de comunicação na internet. Isso é um avanço maravilhoso, e é preciso que todos os que querem liderar um espaço de comunicação façam cursos, consultem técnicos e aprendam com os mais experientes.

"É preciso aprender sempre", rosna o gato Faísca com seus óculos de intelectual. Quem já não viu memes de políticos com falas iguaizinhas aos verdadeiros pais da pátria? Até ministro já virou personagem. Eles são compatíveis com os programas do New Rádio? Se for um noticiário, deve ser entendido como uma charge cibernética. Se for um talk show, cabe qualquer momento ou espaço, uma vez que é um programa de entretenimento ou humorístico.

Só não vale usar toda a tecnologia para enganar o público. Por exemplo, rodar um background com ruído de helicóptero quando se dá informações sobre trânsito ou estradas. O repórter está na rua ou no estúdio, e não a bordo de um avião. Isso é fraude. Outra situação muito comum é narrar uma partida de futebol (ou outro esporte) do estúdio sobre um background de torcida. Os narradores, comentaristas e repórteres fazem um off tube. Veem o jogo em uma transmissão de vídeo e induzem o público a acreditar que estão todos no estádio.

Fica aqui nossa recomendação para usar todas as ferramentas digitais, tão importantes, com ética e compromisso com a lealdade ao público. Violar essas regras leva à perda da credibilidade e da audiência em qualquer plataforma que esteja sendo usada.

Ninguém segura a mudança

> *Tecnologia só é diferencial até seu concorrente comprar uma igual ou melhor.*
> Fernando Vítolo

Em outras palavras, a inovação é inevitável e, para se impor, ela precisa destruir o que ficou ultrapassado. Assim, a difusão do áudio, do rádio, via web, destrói a difusão pela tecnologia analógica, ou seja, pelas ondas eletromagnéticas. Pode demorar um pouco a troca, mas ela é certa.

"A inovação é um conceito multifacetado que envolve a criação e implementação de novas ideias, métodos, produtos, serviços ou processos que resultam em melhorias significativas". "Pera aí, essa definição é do Douglas Miquelof!", afirma o gato Faísca.

Inovar não é fácil e sempre encontra resistência. Ao final do livro, você poderá conferir o case do Jornal Novabrasil. A inovação estimula o crescimento econômico com novas ideias, produtos e serviços, e cria oportunidades de negócios e empregos.

De passo a passo a uma corrida de 100 metros rasos

Os melhores velocistas são os que têm o maior arranco na prova dos 100 metros nos Jogos Olímpicos. São os atletas mais rápidos do mundo. Parecem a tecnologia que vivemos no século XIX. Nunca se mudou tão rápido na história da humanidade, e é bom não esquecer que a inovação é disruptiva, ou seja, uma destruição criativa, na visão de Joseph Schumpeter, um dos pais do capitalismo atual. O smartphone, por exemplo, revolucionou a conectividade pessoal, tornando a comunicação instantânea e acessível a qualquer hora, em qualquer lugar. No bojo dele está o rádio, ou melhor, o New Rádio. "De novo esse tal de New Rádio?", reclama o bichano.

Bits e bytes em som

As redes sociais deram voz a uma legião de imbecis.
Umberto Eco

Não se assuste com o mau humor do grande escritor italiano. Começamos com ele para provocar uma polêmica e perguntar a você se concorda ou não.

O ano é 1986/1987, e sequer tínhamos internet no Brasil. Ela só chegaria em 1988, inicialmente para uso acadêmico. Sua popularização ocorreu em 1998, dez anos depois. Foi exatamente entre 1986 e 1987 que Alexandre Fejes Neto se tornou o pioneiro em transmitir softwares, traduções simultâneas e imagens por meio do rádio.

Alexandre usava um demodulador para transformar bits e bytes em ondas sonoras. "Miuau!", exclama o gato Faísca. Essas ondas sonoras eram gravadas pelo ouvinte, que as convertia em dados pelo computador. Nas transmissões do programa *Clip Informática*, da Rádio USP, existia um tutorial explicando como o ouvinte deveria gravar o áudio em uma fita K7, incluindo as coordenadas e a regulagem correta do áudio.

Ao ouvir a transmissão, as pessoas não conseguiam entender nada, pois era um chiado desgraçado. Só o computador convertia esse material. Eram softwares, jogos, imagens e traduções que podiam ser enviadas pelo sinal de rádio. Essa nova modalidade foi batizada por Alexandre de Computador FM.

Depois que o usuário gravava o áudio na fita K7, bastava ligar o gravador no computador pela entrada de áudio e pronto. Agora era só dar o play e começar a converter o material recebido. *"Houve até tradução simultânea para o japonês"*, acrescenta o gato.

No programa *Clip Informática Especial*, voltado para a colônia japonesa, Alexandre possibilitou que qualquer fala em português fosse legendada em ideogramas japoneses. A revista *Super Interessante* descreveu a experiência como algo inusitado, em que um canal emitia a voz do locutor em português e o outro canal transmitia a mensagem codificada em sinais sonoros, que, ao serem decodificados por um computador, apareciam na tela em japonês.

Em paralelo a isso, nos anos 1990, o embrião da Rádio CBN ganhou um espaço com transmissão na internet por meio do Mandic, à época uma das duas empresas provedoras de internet que tinham capacidade de transitar com e-mails e sons. Assim, os endereços usavam o domínio mandic.com.br (cbn@mandic.com.br ou herodoto@mandic.com.br). Graças ao fato de a rádio estar também no FM, foi possível transmitir on-line, o que era inédito na radiodifusão brasileira. Em pouco tempo as webcams estavam no estúdio contra tudo e todos.

A jornada continuou, e agora damos um salto para os anos 2000, na Rádio USP FM, em que, junto a Luiz Baggio Neto, Alexandre retomou o antigo projeto de programas para surdos. *"Para surdos?", questiona o curioso gato Faísca*. Em parceria com a Escola de Informática Brás & Figueiredo e com o suporte técnico da Divisão de Educação e Reabilitação dos Distúrbios da Comunicação (Derdic) da PUC-SP, eles lançaram o *Minuto Derdic*, um programete de quatro minutos dentro do *Clip Informática*. Esse segmento era dedicado a abordar questões relacionadas à surdez, voz e linguagem, oferecendo dicas de serviços e saúde. As notícias do programa podiam ser acessadas na internet, diretamente no site da Rádio USP, onde um intérprete de Língua Brasileira de Sinais (Libras) reproduzia as informações, permitindo que surdos acompanhassem o conteúdo.

O trabalho de Alexandre recebeu menção honrosa no Prêmio Sucesu de Jornalismo e ganhou notoriedade internacional. Em Portugal, sua inovação foi divulgada como "rádio acessível a pessoas surdas" pela Fundação para a Ciência e a Tecnologia (FCT), em Lisboa, e no site Lerparaver, dedicado à deficiência visual.

Uma combinação fantástica de tecnologia para facilitar e democratizar o acesso à informação. Foram os primeiros passos do New Rádio, e foram dados por um brasileiro.

Ondas digitais na era da conectividade

A dúvida é um dos nomes da inteligência.
Jorge Luis Borges

Aperte o cinto, a redação encolheu.
Heródoto Barbeiro

As plataformas digitais estão redefinindo o panorama atual, introduzindo novas dinâmicas e abrindo portas para experiências inéditas e oportunidades de crescimento. *"Tá falando do Instagram?", questiona o gato.* Nesse cenário, o New Rádio enfrenta o desafio de se reinventar, buscando integrar essas mudanças para se manter relevante e evitar o risco de obsolescência.

Claro que é importante visitar a história do rádio, sua invenção, evolução e as novas mídias concorrentes. A contribuição do padre Landell de Moura, Marconi e outros é necessária, mas isso deve ser estudado nos livros, sites e aulas de história do rádio. Por isso, precisamos separar o que pertence ao campo da história e o que pertence ao campo do dia a dia do rádio, ou melhor, do New Rádio.

Um exemplo emblemático dessa adaptação é Fernando Vítolo, coautor deste livro, que estende sua presença para o digital através de um canal no YouTube. Lá, ele não apenas dissemina conhecimento por meio de entrevistas, mas também multiplica seu alcance ao distribuir o conteúdo em diversas plataformas. *"Já estou inscrito!", diz o gatuno tentando receber alguns petiscos enquanto olha para o Vítolo.*

No contexto atual, a fragmentação do mercado publicitário impulsionada pelas novas mídias obrigou as empresas de comunicação a enxugar suas equipes drasticamente. A realidade é que redações robustas tornaram-se uma raridade, pressionando os profissionais remanescentes a acumular múltiplas funções, muitas vezes em detrimento da qualidade do conteúdo divulgado.

Essa nova ordem exige versatilidade dos profissionais de comunicação, compelindo-os a dominar novas tecnologias e a se capacitar rapidamente em áreas anteriormente desconhecidas. Assim, os criadores de conteúdo on-line, frequentemente trabalhando de maneira independente, enfrentam o desafio da escassez de recursos, contando com limitado suporte técnico e produtivo. Em outras palavras, o comunicador no New Rádio tem que ter expertise para atuar em toda a cadeia: desde o planejamento do programa até sua difusão nas plataformas digitais e analógicas.

A emergência da IA tem potencial para reconfigurar o mercado de trabalho de forma ainda mais profunda que a automação convencional, ameaçando diretamente elementos cruciais da comunicação, como emoção, confiança e credibilidade. Ainda não sabemos até que ponto a IA poderá impactar esses pilares.

Nesse contexto, os comunicadores são convidados a abraçar a máxima "se não pode vencê-los, junte-se a eles". Isso não implica abandonar a essência da profissão, mas sim explorar as novas ferramentas como aliadas para enriquecer e ampliar o alcance do conteúdo. No entanto, é vital manter-se vigilante, pois o ambiente digital é repleto de incertezas e reviravoltas. *"Eu já tive ICQ, Orkut e MSN!", lembrou o Faísca.*

Com a diminuição do número de contratações, muitas empresas se veem forçadas a adaptar suas programações ou a se concentrar em conteúdos que exigem menos recursos. Diante dessa realidade, torna-se essencial ponderar sobre o que é viável produzir, considerando a qualidade do resultado final e seu impacto sobre o público.

A flexibilidade contratual também sofreu alterações, com muitos profissionais preferindo atuar como prestadores de serviço (PJs). Nos Estados Unidos, vemos uma crescente de demissão de jornalistas desde 2010. Só em janeiro de 2023 foram mais de 500 jornalistas demitidos (Poder360, 2024). Mas não é motivo para se desesperar; é preciso descomplicar e se adaptar.

O streaming on-line simplifica a produção de conteúdo do ponto de vista tecnológico, aproveitando a diversidade de plataformas digitais para reduzir custos. Além da reportagem local, a internet oferece uma vasta gama de fontes, ainda que seja essencial um criterioso trabalho de curadoria para garantir a qualidade da informação divulgada. *"Precisa checar. Nada de CTRL+C e CTRL+V"*, alerta o gato muito ligeiro.

Para programas de abrangência nacional, é importante contar com correspondentes capazes de fornecer notícias exclusivas. Uma parcela significativa do conteúdo pode ser produzida de forma remota, favorecendo o modelo de home office para colaboradores. Isso permite que comentaristas, colunistas e convidados participem de discussões por meio de ferramentas como Skype, Zoom, Google Meet e StreamYard, conferindo flexibilidade à produção e aos participantes.

O New Rádio, portanto, se aventura além do áudio, integrando imagens para enriquecer a experiência do ouvinte que deseja conectar-se visualmente, navegando com sucesso pelas ondas da inovação digital. O áudio é o centro da comunicação, no entanto o apoio de imagens melhora a difusão de programas e notícias.

Atenção: rádio com imagem não é TV. Esta não existe sem o vídeo, mas o New Rádio, sim. O público é alcançado pela audição enquanto dirige, cozinha, faz academia, corre no parque ou anda pelas ruas do bairro. Ainda assim, tem a opção de parar para uma água de coco e olhar as imagens do New Rádio no seu celular. E interagir imediatamente com os que conduzem o programa. "Eu sempre mando uma mensagem no chat do YouTube", diz o bichano.

Heródoto Barbeiro é âncora do Jornal Novabrasil, da rede Novabrasil. Desenvolve o modelo talk news como forma de produzir um programa que se diferencia da concorrência, seja de rádios tradicionais ou streaming. O jornal vai ao vivo no analógico FM para o público local, e via streaming para o local, afiliadas e público digital por meio de aplicativo de celular. Portanto, está em multiplataforma. As entrevistas são editadas, reproduzidas nas redes sociais do Grupo Thathi, nas páginas pessoais de Heródoto Barbeiro e na página do portal R7. Como tantos outros programas em multiplataforma, a audiência não pode ficar restrita ao Ibope; ela deve compreender a soma de todas as plataformas. É um cipoal de possibilidades para atingir o público, onde quer que esteja: ao lado do rádio em casa, na frente do rádio no carro, no transporte público, na academia de ginástica... "Cipoal? Vou ter que olhar o dicionário!", reclama o gato.

A segunda parte da entrevista com Yara Peres é sobre rádio, jornalismo e comunicação. Tá recheada, hein? Já sabe o caminho? É só ler o QR Code.

50

A inteligência artificial e o rádio

Emoções são características humanas. O ponto de partida de qualquer conquista é o desejo.
Napoleon Hill

A IA está mudando o jornalismo de forma significativa. Contudo, apesar do avanço tecnológico, ela ainda não possui autonomia ou capacidade de substituir completamente o trabalho dos jornalistas, responsáveis por apurar, verificar e divulgar notícias e programas, particularmente os de cunho jornalístico.

O New Rádio, assim como outros meios de comunicação, deve se adaptar a essas novas realidades para assegurar sua permanência e relevância. Vale ressaltar que ainda há espaço para iniciativas individuais no New Rádio, especialmente considerando a redução dos custos de equipamentos e a facilidade de transmissão via streaming por equipes enxutas. Sem dúvida a tecnologia democratiza a emissão, uma vez que, com pequeno investimento e boa prática, é possível pôr no ar um programa de determinado conteúdo.

A miríade de emissões via New Rádio leva a segmentação ao infinito. Há programas para todos os gostos, preferências e afinidades, de cultura bantu a canto gregoriano, hard rock, previsão do tempo, I Ching, horóscopo, religião, prestação de serviços de todo tipo e muito, muito mais.

Na Alemanha, executivos de um dos maiores grupos de comunicação alertaram que jornalistas podem ser suplantados pela IA, exemplificada pelo ChatGPT. Eles propuseram um programa de demissão voluntária, sugerindo que a IA pode tanto revolucionar positivamente o jornalismo independente quanto ameaçar sua existência (Bragado, 2023).

No entanto, nem tudo são más notícias. Jornalistas, produtores e apresentadores permanecem vitais para conduzir reportagens investigativas e explicativas que vão além do fluxo constante de informações disponíveis em inúmeras plataformas e dispositivos móveis.

Um exemplo prático é a cobertura do trânsito. A IA pode facilmente informar sobre congestionamentos sem necessidade de um repórter a bordo de um helicóptero ou moto. Porém, em caso de acidentes, a presença de um repórter no local é indispensável para apurar e relatar os fatos com precisão. "IA não lida com imprevistos!", confere o Faísca.

A IA promete aumentar a eficiência e reduzir custos ao analisar fontes de notícias on-line, identificar assuntos de maior interesse e tendências de audiência, e até mesmo criar roteiros e narrá-los com vozes sintéticas. Na televisão já há várias apresentadoras criadas pela IA, e o público se acostumou com elas. É como se existissem de verdade, mas são um acumulado de bits e bytes.

Contudo, essa abordagem mecanizada não substitui a necessidade do trabalho intelectual humano, essencial para opinar, debater, selecionar, editar e engajar o público com histórias impactantes. Plataformas como RadioGPT, ChatGPT, Gemini e Midjourney devem ser vistas como ferramentas de apoio, não como substitutas da criatividade e inteligência humana.

Embora a IA possa contribuir significativamente para a redução de custos nas empresas de comunicação e em empreendimentos individuais, a falta do toque humano – emoções, preferências pessoais e valores – pode comprometer a riqueza e a profundidade do conteúdo. "Eu não abro mão do afago humano!", diz o Faísca verificando se algum dos autores se anima em fazer um carinho.

O uso de ferramentas como o RadioGPT tem crescido nos Estados Unidos e no Canadá, mostrando que a IA pode efetivamente captar as preferências da comunidade e adaptar a programação para atender melhor o público. No entanto, a curadoria e a criação de conteúdo por seres humanos seguem sendo imprescindíveis para garantir a conexão emocional e a relevância do New Rádio.

Não se assuste, vem muito mais coisa por aí. E não tem volta. Mas pode ficar tranquilo que sempre haverá um ser humano se o programa focar sentimentos, emoções, ética, visão do futuro, respeito aos direitos humanos, denúncias e outras atribuições da alma humana. A IA não tem alma e não terá, a não ser nos filmes e séries de ficção científica, como a série *O Problema dos 3 Corpos*, de 2024, o filme *2001: Uma Odisseia no Espaço*, de 1968, e muitos outros.

Usando a IA no New Rádio

A inovação sempre significa um risco. Qualquer atividade econômica é de alto risco e não inovar é muito mais arriscado do que construir o futuro.
Peter Drucker

"Oba! É agora que vamos falar da parte que a IA vai fazer tudo pela gente no New Rádio?", pergunta o entusiasmado gato Faísca. Se você procura uma mamata, então saiba que nesse mato tem cachorro. "Iiihhh, cachorro? Tô fora!", foge o gato.

As novas tecnologias surgem a partir de uma necessidade humana e, na maioria das vezes, estão envolvidas com a velocidade da solução. Se fizermos um comparativo com os meios de transporte – cavalos, bicicletas, carros, motos, embarcações, aviões –, é o aumento da velocidade em que nos locomovemos.

Quer outro exemplo? Cartas, telefone, fax, bip, celular, e-mail, ondas, Wi-Fi, 3G, 4G, 5G... "Starlink do Elon Musk?", complementa o gato, voltando de fininho.

As rádios sempre souberam se aproveitar muito bem de toda essa evolução. Era muito comum receberem cartas, mas em muitos momentos não dava para comentar a carta porque a notícia já tinha ficado ultrapassada. Demorava para chegar.

Quando os e-mails apareceram, ficou muito mais rápida a participação do ouvinte. Enquanto apresentava o jornal na CBN, Heródoto várias vezes leu e-mails do ouvinte Juscelino Brasílio Gonzalis. "É parente do Kubitschek?", questiona o Faísca.

Agora, com o WhatsApp ou as enquetes realizadas pelas redes sociais, Heródoto consegue integrar ainda mais a participação da audiência no Jornal Novabrasil.

As tecnologias vêm para agilizar e facilitar nosso trabalho. Quer você goste ou não, ela está aí. O ChatGPT, por exemplo, vem com uma proposta generativa, ou seja, de criar textos, dar algumas informações, corrigir, revisar. Mas ainda é necessário um humano para dar o prompt ao ChatGPT. "Prompt? É um novo petisco?", fica na dúvida o gato, se metendo outra vez.

Prompt é o comando de ação que você deve dar ao ChatGPT para ele fazer o que você quer que ele faça. Precisa saber pedir o que você quer. E, claro, também temos outras ferramentas de IA, como geradores de imagens, locução e até apresentadores virtuais.

A questão é: essa tecnologia faz tudo por nós? Se você usar a IA para fazer o seu trabalho integralmente, você vai ter um resultado medíocre. Tudo vai ficar com a mesma cara. Mas se você usar como uma ferramenta de extensão do seu trabalho, para agilizar alguns processos e, quem sabe, ter algumas ideias novas, será uma ferramenta muito poderosa no seu dia a dia.

Certa vez, perguntamos ao ChatGPT sobre a corrida em que Ayrton Senna ganhou o tetracampeonato em 1994. E a plataforma respondeu como se realmente Ayrton Senna tivesse ganhado aquele ano. Sequer mencionou a morte dele. Quando isso acontece, dizemos que a IA está delirando. Sim, virou termo técnico: os delírios da IA.

É importante ressaltar que o ChatGPT não é uma fonte. Você precisa verificar a veracidade das informações que ele te passa. Sim, livros ainda são muito úteis nos dias de hoje. Pesquise, questione, se informe e saia da mediocridade.

Não caia no mito de que uma ferramenta pode fazer tudo por você. O fator humano é ainda muito importante no processo. E é o que traz originalidade para o New Rádio.

"Nunca é demais prestar atenção"

, alerta o Faísca.

Você se torna aquilo que você acredita.
Oprah Winfrey

Para enfrentar os problemas do dia a dia, nada como aprender sempre, especialmente quando os cachorros da casa não recebem ração. Em outras palavras, o Faísca alerta para se armar para as novidades na comunicação, que não param de chegar:

1. Crie conteúdo que possa ser veiculado em todas as plataformas.
2. Aprimore constantemente a voz para passar emoção e credibilidade, e seja capaz de contar boas histórias.
3. Saiba trafegar o conteúdo de uma plataforma para outra, respeitando suas características.
4. Desenvolva a divulgação e o marketing de sua emissora/plataforma, promoções, e para o conteúdo que produz.
5. Prepare-se para acontecimentos imprevisíveis da sociedade em que vive, e surja como um ponto de apoio com credibilidade e isenção na narração dos fatos, fugindo do sensacionalismo.
6. Preste atenção ao dia a dia da audiência, identifique suas necessidades, sonhos, medos e desejos, sempre de olho no número de ouvintes/seguidores.
7. Sem bilheteria não há espetáculo; sendo assim, em momento algum deixe de lado a ação de monetizar/vender espaços comerciais, respeitando a característica de qualquer plataforma.

Finalmente, Faísca, o falastrão deste livro, confessa que plagiou os itens anteriores de Tom Taylor, do extinto (pelo menos até a data de publicação do livro) site www.radio-info.com.

"Com grandes poderes vêm grandes responsabilidades". Já ouviu essa frase? Bem, com a multiplataforma, além das responsabilidades, temos grandes desafios. Confira a entrevista com Vitor Brown. Leia o QR Code para acessá-la.

O rádio no metaverso

Uma palavra posta fora do lugar estraga o pensamento mais bonito.
Voltaire

O público é o rei.

Imagine um apresentador no estúdio de uma rádio escolhendo músicas e comentando sobre as publicidades digitais que aparecem de todos os lados. O detalhe é que você está acompanhando isso pelos seus óculos de realidade virtual. O apresentador na verdade está sendo representado por um avatar. Esse estúdio está em um metaverso, um universo digital paralelo. **"Eu também estou no espaço virtual", diz o Faísca.** Novas tecnologias estão tornando a comunicação interativa mais avançada e constante. O que era padrão ontem, hoje já é ultrapassado, abrindo espaço para inovações que mudam o jogo. Algumas empresas podem não sobreviver a essas mudanças, mas outras surgirão e aproveitarão as oportunidades.

De onde vem essa história de avatar? Dos filmes de James Cameron?

Não, vem da religião hindu. O deus Vishnu é o guardião da ordem social. Quando há tumulto, guerras, hecatombes, ele vem para o planeta Terra na forma de um avatar. O mais conhecido é Krishna. Lembra da música "Mantra" do Nando Reis, ou, para os mais velhos, "My Sweet Lord" do George Harrison? Krishna é negro/azulado, tem dons suprahumanos e toca uma flauta que atrai todas as mulheres que ouvem a música.

Atualmente esse avatar toma a forma contemporânea, participa ou apresenta programas no New Rádio graças à IA e à realidade virtual. Como o pranteado Krishna, ele também não existe materialmente. Mas existe virtualmente e tem até um caminhão de seguidores nas redes sociais e no New Rádio. "E eu? Existo materialmente ou virtualmente?", questiona o gato.

Hoje, alcançar e engajar o público é um grande desafio. As pessoas estão divididas em nichos específicos, não mais em uma audiência ampla e genérica. A tecnologia está nos levando a uma segmentação extrema, com IA, bots, computação quântica e várias outras inovações que transformam tudo. E com a nova geração de internet e satélites espalhando Wi-Fi por todo o planeta, as possibilidades são ilimitadas. "A internet das coisas é realidade!", afirma o Faísca.

Com a ajuda de tecnologias como óculos de realidade virtual e implantes, criamos nossos próprios avatares para explorar esses novos mundos digitais. Lá, podemos ser quem quisermos, desde escolher nossa aparência até possuir superpoderes.

A evolução tecnológica é tão rápida que parece que precisamos de um avatar só para conseguir acompanhar as tarefas do dia a dia, como ouvir o New Rádio. Novas possibilidades já estão sendo exploradas por empresas de New Rádio que querem usar o que há de mais avançado para chegar até o público.

Mas isso é realidade ou ficção? Bem, até o Zuckerberg está falando sobre isso.

O metaverso já é uma realidade da qual não podemos fugir. É como o enigma da Esfinge: se não o decifrarmos, seremos devorados. Portanto, é bom pedir conselhos para o Édipo do mundo tecnológico. Para o mundo do New Rádio, isso significa entrar em um espaço virtual onde a internet se mistura com a realidade aumentada, permitindo experiências quase reais, como estar em um estúdio de New Rádio, participar de programas ao vivo e interagir com apresentadores.

O metaverso combina vários mundos digitais. Imagine assistir a um show de um grande músico, com milhares de pessoas e uma produção incrível, tudo sem sair de casa, porque está acontecendo no metaverso. Segundo Tonico Novaes, CEO da Campus Party Brasil, os eventos agora devem ser híbridos, e o metaverso é a ferramenta que vai auxiliar e transformar esse processo (Gonçalves, 2021).

Para os profissionais do New Rádio, isso quer dizer se adaptar e aprender sobre o novo universo digital. Alguns futuristas chamam isso de Web 3.0, uma nova versão da internet que conecta pessoas, informações, lugares e objetos de forma virtual, usada para educação, terapia, esportes e muito mais.

Essa nova tecnologia é uma chance para o rádio alcançar o público de maneira inédita, criando uma proximidade nunca vista antes. São muitas as oportunidades, e cabe aos líderes das empresas de New Rádio navegar por esses desafios, fazendo do rádio uma parte essencial da nossa vida em sociedade.

O rádio no metaverso é um rádio sem antena? Mas dá para ter rádio sem antena? Confira a entrevista com Juliana Paiva sobre o tema. Leia o QR Code para assistir.

Sintonizando o futuro

Bom dia, Alexa, Jornal Novabrasil, ops... BBC World Service.

Se está jornalista quando adere ao código de ética do jornalismo.

Heródoto Barbeiro

Com a internet das coisas, o áudio e as rádios ao redor do mundo encontram um palco privilegiado. Agora, um simples comando de voz é tudo o que se precisa para mergulhar em um universo de informações, música, entretenimento, notícias de trânsito, previsão do tempo e muito mais. A evolução tecnológica nos permite acessar serviços e informações em tempo real, sem a necessidade de dispositivos adicionais conectados.

Acionar o New Rádio já não exige um botão físico de ligar ou desligar; sua voz é o controle remoto, graças à tecnologia digital que permeia o ambiente. Com uma qualidade de som impecável, livre de ruídos, uma vasta gama de canais de rádio on-line está ao seu alcance, bastando apenas uma boa conexão Wi-Fi. E, caso essa conexão falhe, prepare-se: o dispositivo não só informará sobre a interrupção como também poderá repreender o usuário por oferecer uma conexão de baixa qualidade. "Dá um pouco de medo pensar nisso!", diz o Faísca.

Além das ondas: a evolução do rádio na era digital

> *Sempre manifeste simpatias ao ascender,*
> *pois as encontrará quando descer.*
> **Wilson Mizner**

A fronteira final já não é mais território exclusivo de jovens e audaciosos exploradores espaciais. Aos 82 anos, uma mulher quebrou recordes ao tornar-se a astronauta mais idosa do mundo, enquanto William Shatner, conhecido mundialmente como o Capitão Kirk de *Jornada nas Estrelas*, experimentou aos 90 anos a sensação única de flutuar no espaço. Paralelamente, o rádio no Brasil, celebrando seu centenário em 2022, abraça essa nova era de inovação tecnológica e credibilidade on-line, expandindo-se pelo universo digital.

Ao renovar-se em programação e tecnologia, o rádio preserva o sentimento de companheirismo, um traço característico desde sua primeira transmissão oficial em 1922. O fenômeno da urbanização, com a transição demográfica do campo para a cidade, impulsionou sua audiência, especialmente nas treze principais regiões metropolitanas do Brasil. De acordo com a pesquisa da Kantar Ibope Media, nessas áreas, 80% da população sintoniza no rádio, com cada ouvinte dedicando em média quatro horas e meia diárias à sua programação. Revela-se que três em cada cinco pessoas escutam rádio todos os dias (Kantar Ibope Media, 2021).

A disseminação de celulares e smartphones transformou radicalmente a maneira como interagimos com o conteúdo, permitindo ao público não apenas receber informações, mas também produzi-las. Uma rápida observação em um vagão de metrô revela que cerca de 80% das pessoas ali ficam absortas em seus dispositivos, comprovando que a conexão global está ao alcance de todos. Essa mobilidade e flexibilidade fazem do áudio, seja em transmissões ao vivo ou gravadas, programas on-line ou podcasts, uma ferramenta ainda mais adaptável ao ritmo acelerado da vida moderna. *"Tem Wi-Fi no metrô?", pergunta o Faísca.*

As inovações tecnológicas no áudio e as plataformas digitais deram origem a uma diversidade de emissores, desde grandes corporações de mídia até indivíduos, passando por ONGs, clubes e associações comunitárias. Essa ampla distribuição no envio e recebimento de conteúdo de áudio enriqueceu o debate público, fortalecendo a liberdade de expressão e opinião. On-line ou não, há um extenso número de programas cobrindo quase todos os tópicos de interesse público, e a audiência se tornou hábil em discernir conteúdos autênticos de fake news, valorizando aqueles comprometidos com a ética, a democracia, a busca pela verdade e os princípios da cidadania.

Finalmente, a realidade desmente qualquer previsão sobre o fim do rádio. Longe de precisar de um renascimento, o rádio nunca deixou de evoluir, desafiando constantemente as previsões pessimistas com sua resiliência e adaptação contínua. *"Nunca vai morrer!", confirma o gato.*

Mais um lembrete do Faísca...

Desta vez, o gato de rua, o vira-lata Faísca, faz um resumo:

1. Foco
2. Engajamento
3. Opinião/posição
4. Boas história

"Ou storytelling, como se diz lá no States", lembra o Faísca, "na terra de Valerie Geller".

A nova era da radiodifusão

O exemplo não é a principal coisa para influenciar pessoas. É a única.
Albert Schweitzer

A pandemia da covid-19 serviu como um catalisador para a explosão do mundo digital, tal como o Relatório da CIA, analisado por Heródoto Barbeiro (2020), havia antecipado. Um claro exemplo disso é o comércio eletrônico... **"Não se diz e-commerce?", interrompe o gato mal-educado...** nos Estados Unidos, que, em apenas três meses, avançou o equivalente a dez anos. Esse fenômeno se espalhou globalmente, tornando indispensável a digitalização em todos os setores, inclusive no rádio. As empresas de comunicação agora enfrentam o desafio de se adaptar a um novo paradigma, em que a agilidade na resposta é a chave para a sobrevivência e o sucesso nos negócios. A era é da velocidade: tudo é instantâneo e em tempo real.

As transformações já não se medem em anos ou décadas, mas em meses. Dados recentes devem ser constantemente reavaliados, evitando-se a condução de negócios baseada em informações desatualizadas. O universo corporativo da comunicação agora navega no mar do big data, buscando maneiras de captar e reter audiência, além de agregar valor aos clientes. A incorporação da tecnologia digital é crucial para ampliar o alcance, promover a distribuição de conteúdo em todas as formas e garantir a presença no meio digital – uma necessidade absoluta desde as grandes emissoras nacionais até as rádios comunitárias, todas em pé de igualdade técnica devido às inovações tecnológicas.

Seguindo a linha sobre medição, hoje na internet determinamos resultados em tempo quase real. Em poucos minutos sabemos quantos estão de fato nos acompanhando, clicando, interagindo e comprando. Apesar da aferição do Ibope, é impossível saber ao certo quantas pessoas assistiram a uma publicidade na TV e quantas foram impactadas o suficiente para adquirir o produto ou serviço. Na internet isso é possível. "Vi, cliquei, comprei!", diz o esperto Faísca.

Empresas atentas a essas transformações estão se reorganizando em unidades de negócios interdisciplinares, integrando especialistas financeiros, de marketing, técnicos e de conteúdo com o foco no público. Essa transição vai além de uma nova gestão; é uma evolução na forma de pensar. Os líderes reconhecem a importância de utilizar a tecnologia para remodelar o negócio da comunicação e adaptar-se às exigências da nova era. Manter-se atualizado é vital, considerando que as mudanças ocorrem diariamente.

Existem duas estratégias principais para as empresas de comunicação prosperarem na web: cobrar pelo acesso ao conteúdo ou monetizar a atenção do público por meio da publicidade. Entender e atender aos desejos de um público que constantemente busca conteúdo relevante e de fácil acesso é fundamental. Relevância e conveniência se tornam os pilares desse novo cenário. "E ser relevante não quer dizer ser chato!", rosna o gato.

As estratégias modernas incluem a adoção de plataformas digitais para ganhar eficiência, melhorar a qualidade, minimizar o fluxo de trabalho e aumentar a produção. Em essência, a transformação digital exige uma mudança de mentalidade, na qual o analógico dá espaço ao digital, assim como o relógio de corda cedeu lugar aos avanços tecnológicos. "Ou a máquina de escrever", lembra o gato.

Com cada mudança de paradigma, não há retorno – uma lição aprendida por fabricantes de filmes fotográficos, gravadoras de vinil, CDs e DVDs. No campo da radiodifusão, o futuro é digital até que novas tecnologias venham a desafiar outra vez os paradigmas estabelecidos.

Todos contra todos

Sem conhecer o inimigo a derrota é certa.
Sun Tzu

Para se medir a audiência do New Rádio, é necessário que se some o público espalhado pelas multiplataformas. "YouTube, Facebook, Spotify, Instagram, TikTok... tô fazendo a lista!", anota o Faísca.

Uma boa parte da audiência migrou para as redes sociais, e o "radinho" é o próprio celular, especialmente quando está conectado no Wi-Fi, que é, em geral, grátis. "Eles pedem meu e-mail e telefone!", diz o gato e continua, "afinal não existe almoço grátis". De uma forma geral, as emissoras estão segmentadas em entretenimento, música, jornalismo e religião. Esta tomou conta de muitas emissoras de tecnologia em AM, mas também está presente em inúmeras FM. As rádios musicais hoje disputam com as plataformas na web, entre elas o Spotify e o YouTube. As rádios populares perderam audiência nos últimos anos devido à tecnologia ultrapassada do AM e à concorrência das web rádios.

Hoje a web rádio se confunde até com uma única pessoa, ONG, instituição, clube, etc. O Diguinho Coruja, nosso colega, tem seu programa diário de rádio exclusivamente no YouTube. Em outras palavras, qualquer um pode ocupar um espaço no ciberespaço, e não precisa bater na porta do ministério da comunicação nem pedir a intermediação de algum político. "Amém!", agradece o gato.

Cada vez mais segmentação

> *O mais importante na comunicação
> é ouvir o que não foi dito.*
> **Peter Drucker**

O segmento notícia está mais forte, especialmente para a audiência nos grandes congestionamentos das cidades brasileiras. Por isso, a prestação de serviços se alterna ao noticiário, comentários, reportagens, correspondentes, etc. Essas emissoras buscam o público mais qualificado, mas ainda assim a importância do Ibope é grande. Em São Paulo os jornais mais ouvidos pela manhã são os da Jovem Pan, BandNews, CBN, Bandeirantes e Estadão. Agora tem também o Jornal Novabrasil, onde trabalha o Heródoto Barbeiro. Há público e suporte econômico para essa concorrência. Os âncoras da manhã são conhecidos de todos. "No horário da manhã, a audiência está no trânsito!", reforça o gato Faísca.

E nos outros horários? Existem oportunidades para todos. As pessoas estão com seus afazeres durante o dia inteiro: malhando na academia, cuidando da casa, brincando com o pet, passeando com os filhos, caminhando à tarde ou trabalhando. E estão consumindo conteúdo. O Vítolo acompanha seus programas favoritos pelo YouTube enquanto trabalha. A mídia auditiva nunca foi tão importante. "Ué! Mas YouTube também tem imagem!", lembra o astuto gato Faísca. Em programas jornalísticos e entrevistas do New Rádio, a imagem é só um apoio. O entendimento se dá pelo áudio.

Programas como o da Ana Maria Braga são essencialmente programas de rádio. De casa, as pessoas conseguem fazer as receitas apenas ouvindo o que está sendo dito. O programa do saudoso Jô Soares também – aliás, durante muitos anos o programa era retransmitido para os ouvintes da CBN. "Isso foi ideia sua, Heródoto!", afirma o Faísca. O programa de entrevistas do nosso colega Danilo Gentili também não fica de fora. Em 2023 se tornou o terceiro maior talk show do mundo por conta do YouTube (SBT, 2023). *"Eu assisto na hora e no dia que eu quiser".*

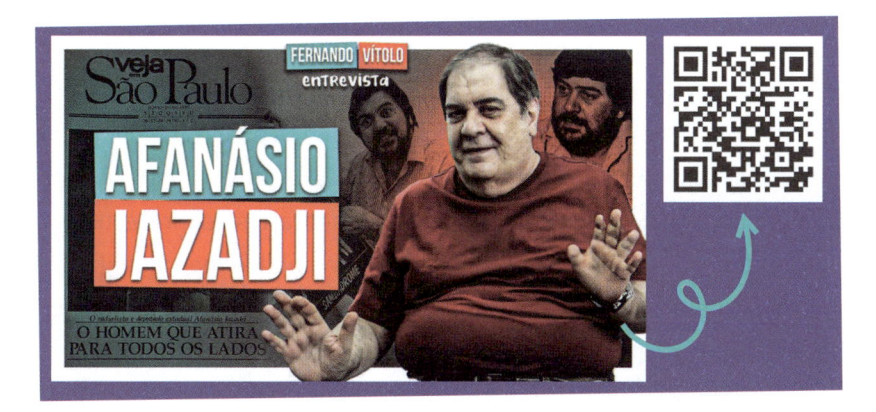

Você conhece ou já ouviu falar sobre as coberturas policiais de Afanásio Jazadji? Uma figura significativa para a história do rádio brasileiro. Confira a entrevista na íntegra através do QR Code.

As comunitárias agora também são New Rádios

Nós compreendemos mais do que sabemos.
Anônimo

A pressão de ONGs, partidos, sindicatos e igrejas para ter um canal de rádio desaguou em uma legislação que instituiu as rádios comunitárias. Há na lei uma limitação a essas rádios, que têm uma potência de 25 watts, alcance de apenas um bairro. Não podem fazer proselitismo religioso, político ou de qualquer outra ordem. Nem transmitir em cadeias. Mas há produtoras especializadas nessa mídia, que atinge principalmente a periferia das cidades com boletins informativos, originados de órgãos públicos e privados.

Todas as comunidades ocupam a mesma faixa: 87,5 mhz. Por isso, se uma aumentar a potência ilegalmente, vai atrapalhar a outra. Fica bem no canto esquerdo do dial. Contudo, com a decisão do governo de migrar todas as AMs para o FM, elas acabaram por ficar em uma melhor posição, uma vez que as novas frequências de FM vão ficar abaixo de 87,5.

Hoje a maior parte delas transmite também via web, tem câmera no estúdio e aplicativos para a comunidade... "E tem alcance global pela internet", interrompe o Faísca. Portanto vai tão longe quanto qualquer emissora comercial ou estatal, e pode ser ouvida em qualquer lugar no planeta. Esse é um dos motivos de comemoração do pessoal da Caramelo Taiá, a rádio comunitária de Taiaçupeba, na periferia de São Paulo. Nós damos uma força lá como voluntários.

A imprensa não é o quarto poder. É o contrapoder.
Zuenir Ventura

Há algumas dicas importantes para se fidelizar o público onde quer que ele esteja. "Até mesmo no telhado", diz o gato Faísca. Anote aí as indicações da Geller (2011).

Sempre pergunte:
1. O que é importante para mim? O público?
2. É relevante?
3. Interessa ao público?
4. Você se importa?
5. Você consegue fazer seu público se importar?

Essas regrinhas não podem ser esquecidas nunca; se possível, devem ser pregadas em um quadro no local onde se faz a transmissão do programa.

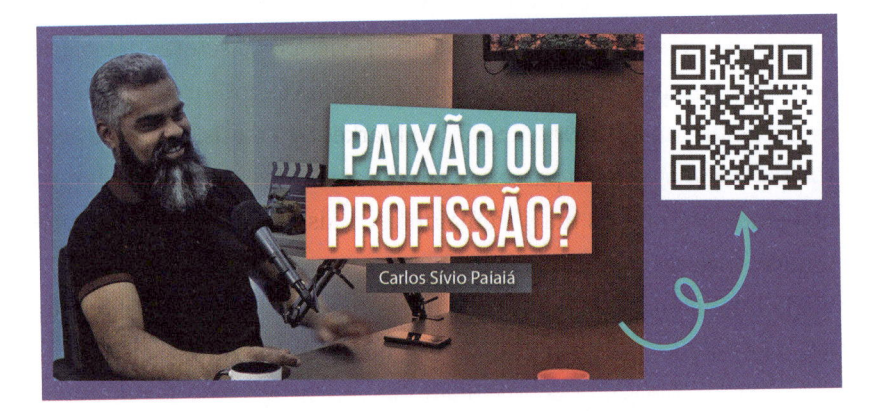

Falando em comunitárias, um trabalho muito significativo é o programa *Paiaiá*, na Rádio Conectados, conduzido por Carlos Sílvio Paiaiá. A Conectados se posiciona como a maior rádio web do país e está ativa desde 2011. Confira a entrevista com o Paiaiá acessando o QR Code.

De onde vem a grana para manter o New Rádio?

Não há almoço grátis.
Anônimo

Quando se fala em almoço, o Faísca não dá sossego aos autores. Por isso, nada como dar uma espiada nos dados da Kantar Ibope Media para saber como está a dança das moedas. No ano de 2023 o investimento em publicidade foi de 80 bilhões de reais (Poder360, 2024). Esses investimentos estão aumentando nos últimos anos. O estudo aponta que a maioria dos setores da economia apresenta movimentos positivos, e os dois maiores crescimentos percentuais vieram de setores que oferecem entretenimento. São eles: mídia e conteúdo (+ 30%) e cultura, lazer, esporte e turismo (+ 27%). A pesquisa Marketing Trends, realizada pela Kantar Ibope Media em parceria com o Meio & Mensagem, mostra que, nos cinco segmentos mais tradicionais, mais de 90% dos CMOs pretendem investir igual ou mais do que no ano anterior (Adnews, 2024).

Já que vocês disseram que o público consumidor é o rei, como reter a atenção dele com tantas plataformas à sua disposição? "Com uma unhada ele muda de página, ou de emissora." A estratégia é a presença cross media, ou seja, buscar o receptor onde quer que ele esteja. Por isso, as empresas usam, em média, seis dos sete meios publicitários. É preciso, diante dessa nova realidade, como dissemos, usar todas as plataformas possíveis. Por exemplo, o Jornal Novabrasil, diariamente às 7 h 30 min, além da transmissão no dial, avança para as redes sociais, aplicativo no celular e exibição em vídeo no YouTube.

"Aí o apresentador, um tal de Heródoto Barbeiro, fica com o ego inflado com sua imagem na tela do estúdio", diz ironicamente o Faísca.

Assim, o gestor individual, ou empresarial, precisa mirar quais são as plataformas que reúnem mais público e, na hora da venda publicitária, mostrar a soma da audiência. Um ouvinte pode acompanhar o Jornal Novabrasil em casa enquanto se prepara para sair. Se for de carro, liga o rádio. Se pegar transporte público, o receptor acompanha no celular. Se perdeu alguma entrevista relevante, pode recorrer ao YouTube. Se quiser saber o conteúdo mais importante daquela manhã, a empresa reúne informação, entrevistas, chamadas e enquetes nas suas redes sociais.

"Se alguém replica nas suas redes sociais", diz o Faísca, "o céu é o limite", imitando um velho programa de televisão preto e branco na falecida TV Tupi, apresentado pelo Aurélio Campos... E chega de velharia!

Um radialista muito bom em prender a atenção da audiência é o Samuel Gonçalves, que por muitos anos esteve à frente de programas da Rádio Globo. Confira a entrevista completa; basta fazer a leitura do QR Code.

O novo ritmo da comunicação auditiva

Som é comunicação. Ruído não é.
Peter Drucker

A chegada da nova tecnologia transformou a aparência das pessoas. "E dos gatos", resmunga o Faísca. Fones de ouvido, com ou sem fio, viraram um acessório de moda indispensável. Ter um celular com capas criativas e coloridas já não é suficiente; o fone de ouvido precisa combinar com o visual do dia, desde as vestimentas formais de escritório até os trajes esportivos das academias. Para muitos, caminhar ou correr ouvindo música tornou-se essencial. Apesar da existência de equipamentos com conexão por cabo, a preferência majoritária é pela liberdade do Wi-Fi, que se tornou um diferencial competitivo até em bares, restaurantes e shoppings. "Tem Wi-Fi?" é uma das perguntas mais frequentes, refletindo a demanda por conectividade em locais públicos, de aeroportos a praças, sendo até promessa de campanha para prefeitos que desejam sinalizar modernidade.

A comunicação auditiva permeia todos os aspectos da vida, facilitada por aplicativos, plataformas e dispositivos que permitem acessar o rádio de maneira integrada. Essa união entre tecnologia e rádio marcou a sociedade do século XXI, alcançando uma audiência ampla e diversificada de aproximadamente 212 milhões de brasileiros. A pandemia, embora tenha impactado a audiência e financeiramente algumas empresas, destacou o rádio pela sua capacidade de acompanhar as pessoas em suas rotinas, seja em casa ou em movimento pela cidade.

Curiosamente, o local de trabalho registrou a menor audiência de rádio, apenas 2%, segundo estudo da Kantar Ibope Media (2021). Isso se deve às exigências das novas tecnologias nas empresas, que demandam atenção total dos colaboradores, tornando difícil a conciliação com outras atividades, inclusive ouvir rádio.

O noticiário cotidiano, entretanto, encontrou seu espaço em telas de elevadores, estações de metrô, aeroportos e terminais rodoviários, adaptando-se ao ritmo acelerado da vida moderna com informações breves e concisas.

Apesar disso, é notável que muitas pessoas ainda escolhem o rádio como companhia para atividades físicas ao ar livre ou durante engarrafamentos. A diversidade de conteúdo acessível, desde playlists do Spotify até programas de rádio ao vivo, indica a relevância contínua do rádio nos carros e nos serviços de transporte por aplicativo.

Em casa, o rádio também se adapta à era digital. Sem um receptor tradicional, ouço programas no laptop ou peço à Alexa para sintonizar meu programa favorito. Amigos como Vítolo e Nilo exploram diferentes plataformas, incluindo o YouTube, evidenciando a versatilidade do rádio moderno. Afinal, se o rádio pode ser ouvido na televisão, o conceito tradicional realmente se expandiu. Surpreendentemente, apesar da ausência de aparelhos de rádio convencionais, a audiência doméstica permanece alta, com 71% das pessoas ouvindo em casa (Kantar Ibope Media, 2021). Esse aparente paradoxo reflete as transformações rápidas e silenciosas da sociedade contemporânea.

"Para concluir", diz o Faísca, parodiando o tal Piter não-sei-o-quê aí de cima: "PROGRAMA BOM É SOM. PROGRAMA RUIM É RUÍDO".

Falando em ritmos, Silvio Ribeiro também compartilha um pouco da sua trajetória. Ele está à frente do programa *Energia na Véia* e também participa do *Morde e Assopra*, programas da Rádio Energia 97. Confira a entrevista.

Do fio ao Wi-Fi

Faça a coisa que mais te dá medo.
Huma Abedin

O samba de Sinhô – apelido de José Barbosa da Silva, um dos grandes compositores do início do século XX – remonta à época da Primeira Guerra Mundial, antecedendo a primeira transmissão oficial de rádio, que celebrou o centenário da Independência do Brasil. Desde então, o rádio e o telefone têm compartilhado uma ligação estreita, não apenas facilitando a interação do público com a programação, mas também servindo como meio para transmitir eventos ao vivo, longe dos estúdios.

Nas coberturas de campeonatos de futebol, tanto nacionais quanto internacionais, era comum solicitar linhas telefônicas dedicadas com antecedência, que eram estendidas dos postes mais próximos até o local do evento. E a mesma prática se aplicava às transmissões dos grandiosos desfiles de carnaval, onde cabos se entrelaçavam nos pés dos jogadores e sambistas. Essa infraestrutura foi determinante para a popularização do samba e outros eventos culturais. *"Ouvi no NEH! Podcast* que foi Dom Pedro II que trouxe o telefone pro Brasil!", mia o Faísca.

Com a chegada de tecnologias mais avançadas, o rádio viu seu alcance e eficiência ampliados, culminando na era digital. O celular substituiu o tradicional telefone fixo, e as diversas plataformas digitais agora permitem transmissões que combinam áudio e vídeo. Assim, é possível observar os apresentadores em seus estúdios e os repórteres em campo, uma ideia que já foi considerada quase uma blasfêmia. A introdução das webcams nos estúdios e a transmissão via web enfrentaram resistências, mas a demanda do público prevaleceu. A audiência por meio de celulares cresce continuamente com a popularização de tecnologias como Bluetooth e fones de ouvido, visíveis no cotidiano de quem usa o transporte público.

A multiplicidade de ferramentas de acesso ao rádio não significa concorrência entre elas, mas complementaridade. O rádio foi pioneiro no fenômeno da multiplataforma, uma abordagem que posteriormente se expandiu para a televisão e a imprensa escrita. Atualmente, é comum encontrar sites de jornais oferecendo conteúdo em diversos formatos, incluindo TV e rádio, refletindo uma competição ampla entre as empresas de comunicação, que agora fornecem texto, som e imagem, sempre com interatividade instantânea. **"É tudo junto e misturado?", questiona o Faísca.**

Graças à tecnologia digital, a tendência de acessar estações de rádio via web só tende a crescer, com o Brasil inteiro sintonizado e uma média de mais de quatro horas de audiência diárias. Embora essa média varie de região para região, estudos da Kantar Ibope Media (SERT/SC, 2021) confirmam a vital importância do rádio, com Belo Horizonte e Florianópolis liderando a audiência nas regiões metropolitanas.

E nem só de jornalismo vive a jornalista, mas também de ioga. Ioga? Sim! A jornalista Adriana Reid compartilha um pouco da sua experiência e também do seu dia a dia. Faça a leitura do QR Code para acessar a entrevista.

24/7/365

A liberdade é quase sempre, exclusivamente, a liberdade de quem discorda de nós.
Rosa Luxemburgo

A capacidade de transmitir áudio 24 horas por dia, 7 dias por semana e 365 dias do ano é uma das grandes vantagens da comunicação moderna. **"Há quem aguente isso?", deplora o Faísca.** Com a chegada dos smartphones, o acesso a conteúdos diversos por meio de gadgets variados se tornou ainda mais fácil, ampliando significativamente o alcance e a abrangência do rádio. Além disso, os computadores servem como mais uma via de acesso às emissoras, não se limitando à internet, mas permitindo também a sintonia em frequências FM e AM.

Atualmente, uma empresa de áudio, antes restrita à radiodifusão, não se confina a uma única programação ou público. A evolução tecnológica e a redução dos custos de produção possibilitam oferecer várias programações simultaneamente, desde transmissões de partidas de futebol a podcasts variados, atingindo todas as plataformas quando necessário. Esse conceito de multiplataforma transformou o modo como o conteúdo de áudio se propaga.

O Wi-Fi tornou tanto a programação ao vivo quanto a gravada facilmente acessíveis. Agora padrão em todas as mídias, o modelo on demand reflete uma mudança sem igual no consumo de conteúdo. Isso influencia de maneira direta o mercado publicitário, que busca otimizar os investimentos alcançando públicos específicos em múltiplas plataformas, equilibrando assim a relação custo-benefício da publicidade.

A era digital permitiu que o rádio evoluísse, portanto, do modelo tradicional para uma oferta on demand, liberando o público da necessidade de ajustar sua agenda à programação. Agora, independentemente do estilo de vida ou disponibilidade, o ouvinte tem acesso a um vasto arquivo de conteúdos relevantes, de notícias diárias a podcasts sobre os Beatles, tudo sob seu controle.

Além disso, a tecnologia digital introduziu uma nova dimensão de comunicação bidirecional, dando ao público o poder de influenciar diretamente o conteúdo transmitido. As interações não se limitam a críticas ou elogios; sugestões e mensagens de apoio também são bem-vindas, refletindo uma era de interatividade sem precedentes na história da comunicação. "Também existem os haters e os canceladores!", alerta o Faísca.

Assim, a plataforma digital substitui o antigo boca a boca, marcando um momento revolucionário na interação entre emissores e receptores de conteúdo de rádio.

Inscreva-se no canal

Dar voz para imbecil é o caminho mais rápido para ganhar audiência.
Fernando Vítolo

"Deixe seu like, seu comentário e inscreva-se no canal. Ah, não se esqueça de ativar as notificações para ficar por dentro dos novos conteúdos. Compartilhe e ajude a alcançar um milhão de seguidores. Afinal de contas, eu quero a plaquinha do YouTube", diz o gato Faísca.

Um exemplo notável é o youtuber Orlando Sentinel, que cativa uma audiência de mais de 7 milhões, superando programas de grandes conglomerados midiáticos com seus vídeos ultrapassando a marca de um bilhão de visualizações.

Essa abordagem inovadora tem conquistado o público, oferecendo um grande leque de oportunidades. Segundo a Kantar Ibope Media, cerca de 60% da audiência de rádio na internet flui através do YouTube (Meio & Mensagem, 2024). A maioria ouve pelo celular, seja no transporte, durante atividades físicas ou enquanto faz compras. Nota-se que a transmissão pode ocorrer simultaneamente em FM, AM e on-line, com diferenças nas pausas comerciais entre as plataformas. Algumas emissoras já contam com mais de 4 milhões de seguidores, evidenciando a crescente inscrição de internautas.

Essa ferramenta integra o rádio à contemporaneidade digital. "É o New Rádio!", afirma o Faísca. O acesso global permite a escuta de programas de qualquer lugar, exceção feita a países com restrições à liberdade de expressão. Além disso, serviços de streaming como Spotify, Deezer e Google Play representam 37% do consumo de áudios, com podcasts emergindo como uma nova fronteira de conteúdo (Kantar Ibope Media, 2021).

A televisão tradicional vem perdendo seu apelo, especialmente entre os jovens, cedendo espaço para séries e conteúdos digitais acessíveis via internet. As plataformas de streaming se tornaram gigantes da produção audiovisual, com o público ansioso pelas próximas temporadas de seus programas favoritos.

A internet transformou o áudio numa plataforma de agilidade e exclusividade, e o público agora escolhe o quê, como, onde e quando ouvir. As conversas históricas ao pé do rádio deram lugar a dispositivos Bluetooth, uma ferramenta prática em um mundo em constante movimento.

Graças à disrupção criativa, o rádio se reinventou para uma longevidade ainda maior, adaptando-se até que, talvez, a audição deixe de ser essencial para a nossa interação com o mundo ao redor e além.

Ah, aproveite e se inscreva no canal do Diguinho Coruja. Mas não antes de assistir à nossa entrevista completa através do QR Code.

Sala dos milagres

Não se faz jornalismo sem fazer vítimas.
Heródoto Barbeiro

A maquiagem, conhecida como "sala dos milagres" nas emissoras de TV, transforma os apresentadores com um toque de base, um secador nos cabelos e máscara nos cílios. **"Passaram gloss no Heródoto?", pergunta o engraçadinho Faísca**. Por outro lado, as emissoras de rádio, focadas exclusivamente em áudio, tradicionalmente dispensavam esse aparato. Afinal, ninguém vê o locutor, o que deixa a imaginação dos ouvintes livre para criar suas próprias imagens dos apresentadores. Contudo, a chegada das câmeras aos estúdios de rádio introduziu uma nova dinâmica.

Inicialmente recebida com hesitação, a integração da imagem à transmissão de rádio quebrou um antigo paradigma: o rádio não precisa ser apenas ouvido, agora também pode ser visto. A adaptação para as transmissões em vídeo levou as emissoras de rádio a um novo patamar de interação com o público, desvendando o mistério por trás das vozes e criando uma conexão mais íntima com os ouvintes. Esse movimento desencadeou uma evolução rumo às plataformas digitais, marcando um caminho sem volta na história do rádio.

As emissoras adequaram seus estúdios para a nova realidade visual, com bancadas redesenhadas e microfones menos intrusivos, garantindo uma experiência visual agradável. A descoberta de que o som de qualidade FM poderia ser transmitido via internet ampliou o alcance do rádio para além das limitações geográficas.

Com a evolução contínua da tecnologia, as emissoras enfrentaram o desafio de monetizar seus conteúdos digitais. A publicidade, antes concentrada em meios tradicionais, começou a migrar para a internet, exigindo novas estratégias de marketing e vendas adaptadas ao ambiente digital. A possibilidade de medir o impacto da publicidade on-line em tempo real forneceu aos anunciantes um controle mais preciso sobre seus investimentos, revolucionando o mercado publicitário.

Hoje, as plataformas digitais das emissoras de rádio oferecem uma rica e diversificada programação, alcançando uma ampla audiência através do YouTube e outros sites de vídeos. Com 59% dos ouvintes de rádio consumindo música e conteúdos de áudio on-line, e 73% assistindo a vídeos, surge a questão: o que define uma emissora de rádio na era digital? (Kantar Ibope Media, 2021).

Criando princípios de boa comunicação

> *É possível contar um monte de mentiras dizendo apenas a verdade.*
> **Folha de S.Paulo (publicidade)**

É só descuidar que o Faísca atravessa a produção deste livro. Pula no laptop com o seu caderninho de notas e começa a ditar:

1. Diga a verdade.
2. Procure o que interessa.
3. Nunca seja chato.
4. Fale descritivamente para a sua audiência formar uma imagem.
5. Comece com o que tem de melhor no conteúdo.
6. Use o tom coloquial "você".
7. Fale com um de cada vez.
8. Faça o possível para engajar os assuntos.
9. Encha a bola sobre competência e liderança alheias.

10. Seja você no programa que apresenta, não importa em qual plataforma.
11. Corra riscos.
12. Ouse ser grande.

Dessa vez o pobre gato extrapolou. Vai acabar encarecendo este livro sem mesmo pedir licença para a Valerie Geller (2011).

De olho no respeito à audiência e aos fatos

> *Deve-se exigir de mim que procure a verdade.*
> *E não que a encontre.*
> **Denis Diderot**

Listamos aqui algumas sugestões de conduta ética. Quem tem um espaço nas redes sociais pode ou não acatá-las.

1. O apresentador só deve dizer a verdade e resistir a todas as pressões que possam desviá-lo desse rumo.
2. Boatos e rumores não substituem fatos, logo não se pode acreditar em tudo o que se ouve ou vê. É nosso dever duvidar sempre.
3. O apresentador deve ir além da busca de dois ou mais lados da notícia. Precisa apurar, investigar e formar convicção sobre os fatos antes de publicá-los.
4. É obrigação do apresentador corrigir qualquer informação errada que divulgue e respeitar o direito de resposta dos citados.
5. Não se grava entrevista sem o conhecimento da fonte por meio de equipamento eletrônico escondido.
6. O apresentador deve respeitar a privacidade de todos. Mesmo pessoas públicas têm direito à privacidade.
7. É dever de todos combater o preconceito e procurar o máximo de objetividade na apuração e narração dos fatos.

8. O apresentador denuncia crimes à sociedade. Quem apura e pune, se for o caso, é o Estado.
9. Qualquer pessoa acusada de delito é considerada inocente até que sua culpabilidade seja legalmente comprovada.

Há uma máxima no Budismo que diz que uma carroça, para andar, precisa de duas rodas. Um pássaro, duas asas. O jornalismo precisa também. Uma é a isenção, a outra é a ética. A carroça é o interesse público. Portanto, não há jornalismo sem ética. Nessa profissão, mais do que em qualquer outra atividade, os fins não justificam os meios.

Todo conteúdo passa por uma boa comunicação. Dimig Seidenberger entende muito bem esse princípio. Com experiência no rádio e na televisão, hoje atua com publicação de conteúdo para o mundo corporativo. Confira um pouco dos seus insights clicando no QR Code.

A imagem não pediu licença e entrou no New Rádio

*Quando o inimigo é
muito forte, alie-se a ele.*
Sun Tzu

A Guerra da Coreia ainda não terminou. Há uma paz armada na Península desde 1953. Embora nada se compare à fusão do áudio com o vídeo no New Rádio, podemos imaginar que o áudio é o primeiro-ministro, e a imagem, o rei. O rei reina, mas não governa. O líder da comunicação é o áudio. E, assim como na Guerra da Coreia, também existe uma tensão constante, sem um verdadeiro fim, nessa fusão.

O New Rádio tem imagem no estúdio. Porém, o apresentador deve esquecer o desejo de estar bem na foto ou na imagem. A maioria do público acompanha o programa através do que se diz, e não do que se mostra. Há exceções. Assim, repetir exaustivamente "você pode ver na imagem" frustra a maior parte do público, que só pode emprestar a sua audição para saber o que está acontecendo. O rei imagem, neste momento, reina, mas não governa. O primeiro-ministro é o áudio. As entrevistas, de preferência, devem ser conectadas via plataforma com vídeo, como Skype, Google Meet, Zoom, entre outras. O entrevistador pode ver as reações no rosto do entrevistado, e isso colabora para que ele preste mais atenção ao conteúdo, como Heródoto Barbeiro faz diariamente no Jornal Novabrasil.

As entrevistas, editadas, com imagem, são divulgadas em todas as outras plataformas e com o rosto do entrevistado na capa. Com isso se atrai para o aplicativo os internautas que conhecem o entrevistado, e ele mesmo pode replicar em suas redes sociais, agregando mais audiência no New Rádio multiplataforma.

A era do vídeo

O ego é um ótimo servo, mas um péssimo senhor.
Heródoto Barbeiro

O consumo de vídeo em diferentes plataformas no Brasil alcançou em 2023 quase 100% da população. Exatamente 99,63%, segundo a Kantar Ibope Media (Braun, 2024). É aí que o New Rádio se favorece! Ele também tem vídeos tanto ao vivo como em suas plataformas e aplicativos on demand. Enfim, é um mergulho no cross media. O público-alvo está espalhado por todo o universo digital e também analógico, como o FM e AM, ainda que estes não tenham imagem.

A luta pela audiência também se realiza no campo das TVs via streaming, que têm avançado nas casas. Se tem acesso à TV, tem também ao New Rádio. Esses números consolidam o aumento da audiência e certamente atraem os anunciantes, que sustentam economicamente as geradoras de conteúdo.

Vale ressaltar que muitos profissionais do rádio são contra a câmera no estúdio. Alguns dizem que quebra a magia do rádio. Outros não sabem muito bem explicar o motivo. Mas é um caminho sem volta. É como diz o ditado: se não pode vencê-los, junte-se a eles. "É isso ou não vai ter lugar pro cara trabalhar!", afronta o Faísca.

A Débora Santilli, que começou no rádio, está mais que acostumada com a câmera. Afinal de contas, ela também foi para a televisão. Mas a dinâmica muda um pouco, né? Vem assistir à entrevista completa pelo QR Code.

26 A moeda número um do Tio Patinhas

Vender sem vender é a bola da vez.
Fernando Vítolo

Veja o livro do Chris Anderson, *A cauda longa*, de 2006, e você vai entender o aforismo acima. Ele comprova que há, sim, almoço grátis. Na porta de restaurantes de Newark (EUA) há placas: "LUNCH FREE". **"Tá de brincadeira... Logo na terra do muquirana Tio Sam?", questiona o Faísca.** Mas ao entrar para matar a fome, se escolher onde sentar, paga. Se comer antepasto, paga. Se pedir uma Coca, com ou sem açúcar, paga. Se comer uma sobremesa tipo american pie, paga. Se tomar um cafezinho, brasileiro ou não, paga. E se... também paga. Isso se chama lucro marginal – mesmo quando algo parece ser gratuito, há sempre custos embutidos ou maneiras de monetizar a experiência. E o que isso tem a ver com veículos digitais como o New Rádio e a TV via streaming?

Nilo, coautor deste livro, não se cansa de repetir aos outros que, se não tiver bilheteria, não tem espetáculo. Em suma: a publicidade, de uma forma ou de outra, é a coluna de sustentação econômica da geradora de conteúdo. Graças às novas mídias digitais, os custos despencaram e tanto equipamentos como pequenos estúdios custam quase zero. *Quase* não quer dizer *totalmente*. Se for gravar ou participar de um podcast como o *NEH!*, no estúdio do Fernando, Heródoto não sai de lá sem deixar algum. Até o cafezinho tem custo. **"Tem petisco pro gato?", pergunta o Faísca.**

Entre os modelos atuais de publicidade, destacamos:

- **Shoppable Videos:** permitem ao público clicar nos modelos mostrados no vídeo e ser direcionados para a página de compra. Segundo a Kantar Ibope Media, 41% dos brasileiros conectados prestam mais atenção a anúncios em vídeos on-line do que em outros formatos (Braun, 2024).
- **Influenciadores:** apresentadores que fazem publicidade de determinados produtos e emprestam a sua credibilidade ao afirmar que já usaram ou degustaram, e gostaram. Jogam com a confiança que o público tem neles. Antigamente, era o chamado testemunhal, tão a gosto da velha mídia.
- **Testemunhais:** são apresentados da forma mais descontraída, com a intenção de que o público quase não perceba que é uma publicidade. Nada contra, é legal e comum, e é preciso ter talento.
- **Vídeos e jingles:** descaradamente publicitários, com duração pequena. São aqueles que mostram na tela "3, 2, 1... Skip ad". Se não sair, vai acompanhar a publicidade, que custa talento e investimento na sua realização.
- **Conteúdo aparentemente sem publicidade:** geralmente em programas, documentários, entrevistas especiais, podcasts com miríades de conteúdos, como o *NEH! Podcast*, filmes antigos e por aí vai.

Mano Véio, ou Amorim Filho, que já entrevistou diversos nomes significativos como Pelé e Ayrton Senna, começou em rádio de aeroporto. Sabia? Além disso, o Diguinho Coruja começou com ele. Não sabia? Então vem descobrir acessando o QR Code.

Faísca sai em busca de patrocínio

A vida é uma sucessão contínua de oportunidades.
Gabriel García Márquez

"É preciso faturar para pagar as contas", diz o Faísca, travestido de contador. Os meios digitais funcionam como um buraco negro descrito pelo astrofísico Stephen Hawking: tem um poder gravitacional tão grande que nem a luz escapa dele. Essas plataformas atraem maciçamente os investimentos publicitários.

O campeão de audiência, como anunciava antigamente a TV Globo, é o YouTube com 16,1%, seguido da Netflix com 4,7%, TikTok com 3,9% e Prime Video com 0,6%. O investimento nas mídias digitais chegou em 35 bilhões de reais com 18%, enquanto a TV aberta ficou com apenas 4,2%. A medida de audiência envolve todas as plataformas, ainda que haja reação das emissoras abertas antigas. Como já citamos, os investimentos com publicidade em 2023 chegaram a 80 bilhões de reais, com crescimento pelo quarto ano consecutivo. Os temas mais atraentes foram o lazer com 27%, e comércio, bancos e serviços com 51% (Meio & Mensagem, 2024). "Isso me lembra uma música do Paulinho da Viola, diz o Faísca, *controle na mão é vendaval, é vendaval...*".

> *A audiência a qualquer custo*
> *está emburrecendo as pessoas.*
> **Fernando Vítolo**

Conteúdos jornalísticos atraem público e investimentos, quer sejam em rádio, TV ou podcast. Há uma interatividade inédita no comentário das notícias, com likes, dislikes, ofensas, elogios... Ou seja, as respostas são imediatas. Para nós, sobra um imenso desafio na era digital, que chega a confundir talk show com jornalismo. Um exemplo são os programas sensacionalistas do meio-dia e do final da tarde na TV aberta, mesmo com poucos e acanhados patrocinadores publicitários. "E as fake news", proclama o Faísca, "não vai falar nada?".

Os podcasts com grandes audiências têm atraído anunciantes. São entrevistas mais voltadas ao entretenimento. Alguns ultrapassam quatro horas de duração. "Que isso? Quem aguenta?", reclama o gato. São talk shows onde o que domina é o show, e não o talk. Os anunciantes estão atrás do volume de público, mas se esquecem da segmentação. "Às vezes é melhor anunciar em pequenos programas com um público alinhado à marca", afirma o gatuno.

O anunciante precisa sempre pensar na credibilidade, afinal de contas a sua marca ficará vinculada àquele programa. "O tempo passa, o tempo voa"... Para alguns, só esse trecho já remete às publicidades do Banco Bamerindus. E normalmente as pessoas já associam ao Faustão, que incansavelmente apresentava as publicidades no meio do seu programa. "Se o apresentador cometer qualquer deslize, o gerenciamento da crise vai custar mais caro para a marca do que a própria publicidade", diz o esperto Faísca.

> *Não é possível comprar credibilidade.*
> *Fernando Vítolo*

Existem muitas oportunidades para os anunciantes nos dias de hoje. A pequena empresa também pode anunciar, diferente de anos atrás, em que só os grandes tinham acesso a TV, rádio, revistas e jornais. "Ficou mais acessível", confirma o Faísca. Basta conhecer bem o seu produto ou serviço, entender quem é o seu público-alvo e escolher onde anunciar. "Dê preferência aos programas dos autores, afinal eu ganho uma comissão", complementa o Faísca.

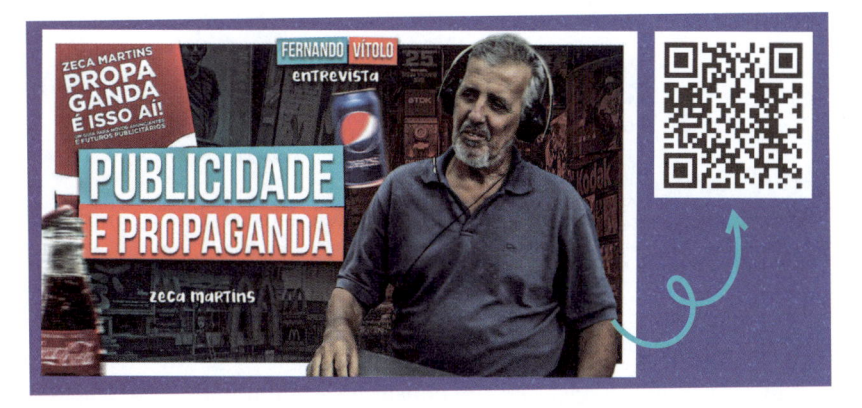

E falando em anunciantes, seria ótimo discutirmos um pouco sobre publicidade e propaganda. Que tal? Zeca Martins (*in memoriam*) é publicitário, autor do livro *Propaganda é isso aí!: um guia para novos anunciantes e futuros publicitários* e participou de uma superentrevista com o Fernando. Confere aqui no QR Code.

As seis pragas das fake news

Na era da informação, o que governa é a desinformação.
Fernando Vítolo

Com a democratização da informação, também tivemos o aumento das fake news. E por mais espantoso que possa parecer, fake news, ou notícias falsas, não são exclusividade do século XXI. Em uma rápida olhada na internet você poderá verificar casos como o do Otaviano contra Marco Antônio na época da Cleópatra, ou o da URSS durante a Guerra Fria, que usou de artifícios para tentar manipular e confundir a mídia e países do Ocidente.

As fake news têm por objetivo enganar as pessoas. A intenção pode ser influenciar a opinião pública ou simplesmente gerar cliques para faturar com publicidade.

Pensando nesse grave problema, escrevemos aqui as seis pragas das fake news. São pontos que levam grandes veículos a publicar notícias falsas e perder sua credibilidade. A atenção aos tópicos levantados evitará que você publique ou acredite em notícias enganosas.

1. **A praga do sensacionalismo**

    As fake news, em sua maioria, possuem títulos sensacionalistas e exagerados para atrair a atenção do público. É criada uma dramatização e exploração emocional da notícia. Isso geralmente envolve títulos chamativos, manchetes impactantes e uma apresentação distorcida dos fatos para aumentar a audiência e gerar cliques.

O sensacionalismo sacrifica a precisão e a objetividade da informação, focando mais em provocar reações fortes do público do que em fornecer uma cobertura equilibrada e factual. "Tudo o que é sensacionalista eu evito", comenta o Faísca.

2. **A praga de publicar sem checar**

   Jornalistas frequentemente caem na tentação de publicar uma notícia sem checar a fonte. "É preguiça?", questiona o Faísca. Basta um primeiro portal postar que automaticamente entra na grade do concorrente. A BBC, como bem lembra o Heródoto, precisa ter três fontes confirmando um fato antes de dar a notícia. Isso atrasa o processo de publicação? Sim. Mas dá credibilidade para a marca. Se cada veículo possuir um método de verificação e checagem, podemos reduzir significativamente a republicação de fake news. Aliado a isso, também contamos com o fator humano. A gente também pode errar. "Errar é humano, mas precisa se retratar", afirma o gato.

3. **A praga da agenda e do viés**

   Em muitos casos, existe um viés inconsciente ou até mesmo consciente que influencia a seleção e a apresentação das notícias. Isso pode resultar em uma falta de ceticismo ou de verificação rigorosa quando a notícia se alinha com uma narrativa ou agenda específica. "Afinal de contas, como pode ser mentira se eu concordo com o que ele está falando?", ironiza o gatuno.

4. **A praga da pressa em publicar**

   Sabe quanto tempo dura um furo de reportagem nos dias atuais? Três segundos. Antigamente demorava de um, dois até três dias para outro jornal publicar a mesma matéria. A urgência, a pressão e a ânsia por ser o primeiro a divulgar uma história podem levar a uma verificação insuficiente dos fatos. Essa rapidez pode causar erros humanos, resultando em informações incorretas ou fora de contexto. "É melhor ir devagar", aconselha o bichano.

5. **A praga das fontes enganosas**

   Você confia em tudo o que vê, ouve ou lê? Até o *Castelo Rá-Tim-Bum* não escapou das fake news. "Aquele programa infantil da TV Cultura? Adorava o gato da biblioteca", diz o Faísca em tom de surpresa. Três grandes portais de notícias divulgaram que o personagem Dr. Abobrinha teria sido criado com base na disputa entre Zé Celso e Silvio Santos. Mas algum jornalista perguntou para algum dos criadores? Qual foi a fonte? O jornalista precisa contar com fontes confiáveis e que possuam credibilidade. Precisa ir na fonte certa. Cuidado com rumores e boatos.

6. **A praga do conteúdo emocional**

   Muitas fake news apelam para as emoções das pessoas, como medo, raiva ou tristeza. Esse tipo de conteúdo é projetado para provocar uma resposta emocional intensa, o que aumenta a probabilidade de as pessoas compartilharem a informação sem verificar sua veracidade. Ao manipular as emoções, as fake news podem se espalhar rapidamente e influenciar a opinião pública de maneira significativa, causando desinformação e, às vezes, pânico ou ódio injustificados. "Pânico eu tenho só quando o cachorro da vizinha escapa", mia tremendo o gatinho.

Considerando os pontos, concluímos que o dever da checagem não está somente nas mãos do jornalista, mas também da audiência. Hoje ficou muito mais simples. O caminho mais fácil é pesquisar no Google. O caminho mais longo é conversar com especialistas, obter fontes credíveis, pesquisar, ler. A audiência tem que checar independentemente de qual veículo esteja publicando a notícia. Se não tiver certeza, não compartilhe. Na dúvida, sempre pergunte: essa notícia está beneficiando alguém ou algum grupo?

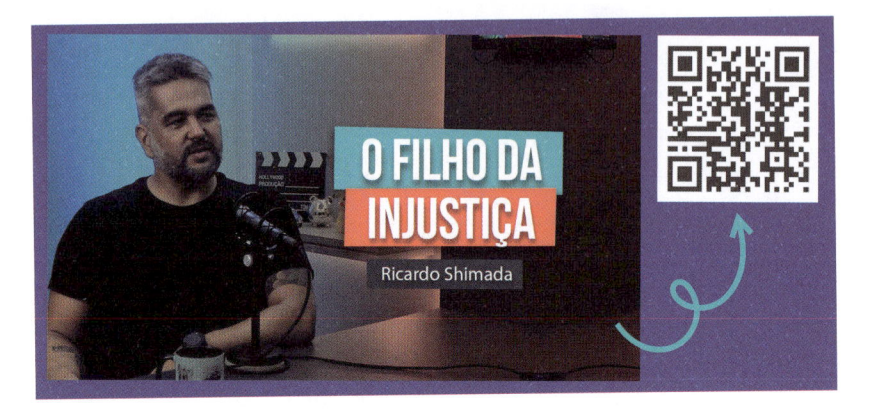

Uma das fake news mais conhecidas da mídia brasileira é o caso da Escola Base. Se você buscar no Google, vai poder entender um pouco mais sobre o assunto. Uma notícia falsa que destruiu famílias e uma escola inteira. Confira a entrevista com Ricardo Shimada, filho dos donos da Escola Base, no QR Code.

Não deixe a carroça passar na frente dos burros

Você é responsável pelas pessoas que conquista.
Antoine de Saint-Exupéry

Graças às novas tecnologias, todas as pessoas têm a oportunidade de ter o seu canal de comunicação em áudio, vídeo, animações e fotos. "Eu mesmo tenho o meu", comenta o Faísca, "é só entrar no www.faiscaomaioral.com. E sei muito mais quais são os meus direitos do que deveres".

Os responsáveis pela difusão de notícias, neorradialistas, neojornalistas, neocidadãos em geral, precisam estar atentos à importância desse ato. Quem divulga notícia, de qualquer ordem, em qualquer plataforma, tem de se conscientizar dos deveres envolvidos. Aliás, é uma atividade de grande responsabilidade social. Sendo assim, o conteúdo a ser difundido deve ser avaliado constantemente. Está sob escrutínio ininterruptamente.

Como já dissemos, com tantas fontes emissoras, só as com credibilidade sobrevivem. Nem por isso se pode caluniar, difamar ou injuriar pessoas. É bom lembrar que, para se coibir abusos, há o Código Penal, e ele capitula a injúria, calúnia e difamação. Mesmo o jornalismo tem limites garantidos na nossa Constituição.

A Declaração dos Deveres e Direitos dos Jornalistas, aprovada na Alemanha, em 1971, é globalmente aceita como indicativo de bom jornalismo. Por isso, começa com uma declaração de deveres que congrega:
1. Respeitar a verdade.
2. Defender a liberdade da informação, comentário e crítica.
3. Somente publicar informações de origem conhecida.
4. Corrigir informação errada.
5. Respeitar a vida privada das pessoas.
6. Guardar segredo profissional.
7. Citar fontes e não plagiar.
8. Não vender anúncio (jornalista não é publicitário).
9. Repudiar pressão sobre divulgação de notícia.
10. Não usar meios desleais para obter informações.

"Só isso?", rosna o Faísca. Você tem que ficar debaixo da fiscalização dos cidadãos. Alguém tem que fiscalizar o fiscal, como vocês se autodenominam.

> *Como reconhecer um bom jornalista:*
> *ele é criticado pelos dois lados.*
> **Fernando Vítolo**

Veja agora o outro lado da moeda, os direitos:
1. Investigar todos os fatos relacionados com a vida pública.
2. Rejeitar a linha editorial que contrariar os princípios da ética e do compromisso público.
3. Não vender a sua opinião.
4. Ser informado de mudanças que afetem o seu dia a dia de trabalho na empresa.
5. Garantir segurança profissional, trabalhista e moral para executar o seu trabalho.
6. Ter apoio do Estado para exercer a profissão.

7. Não ser perseguido por difundir notícias que desafiem políticos.
8. Ter o reconhecimento pela importância do jornalismo para a democracia.
9. Não ser cancelado nas redes sociais por mostrar notícias que contrariem tribos de internautas.
10. Não ter seus canais derrubados a pedido de contrariados pelas notícias verídicas divulgadas.

Internet ao natural

Prefiro ser quem sou para poucas pessoas do que ser quem não sou para milhões.
Fernando Vítolo

Roberto Tranjan, educador e filósofo do mundo dos negócios, está trazendo uma nova proposta para os dias atuais: a economia ao natural. Essa abordagem valoriza as relações humanas antes das coisas, nos incentiva a olhar para dentro antes de olhar para fora. Inspirado por esse conceito, o Instituto Economia ao Natural tem influenciado muitas outras instituições e empresas a adotarem uma perspectiva diferente, mais humanizada.

Seguindo essa linha de pensamento, por que não considerar uma internet ao natural? Afinal, a internet reflete o estado da humanidade e é o meio por onde transita o New Rádio. Para entendermos essa ideia, é importante primeiro descrever como é a internet atual.

Você está familiarizado com os haters? **"O Google traduziu como odiadores", afirma o Faísca.** Os haters são internautas que entram nas redes e fazem alguma ofensa. Xingam e somem. Do mesmo jeito que aparecem, desaparecem. Isso se tornou comum, normal no dia a dia, mas não é natural.

E o cancelamento? Cancelamento é quando pessoas pegam em tochas e decidem que alguém deve ser anulado da vida por conta de uma coisa que disse ou postou na mídia ou nas redes sociais. Você já deve ter ouvido em algum momento da sua vida a seguinte frase: "Você toma cuidado, hein. Eu sei onde você mora". Agora as pessoas dizem: "Cuidado que eu sei qual é o seu Instagram". "Até arrepiei", diz o gato. O cancelamento também virou algo normal na internet, mas não é natural.

As fake news também invadiram a internet. "Já falou no capítulo anterior. Vai falar tudo novamente?", avisa o Faísca, já mostrando suas garras afiadas. Também são normais, mas não naturais.

E, claro, não podem faltar as notícias ruins. Desafio você a abrir os portais de notícias e contar quantas notícias boas e quantas ruins encontra. O público gosta de coisa ruim? O piloto de motovelocidade, Alex Schultz, disse em entrevista que as pessoas se apegam às notícias ruins porque lá no fundo estão gratas por aquele fato não ter acontecido com elas. Mark Twain tem uma frase que é a seguinte: "A função da imprensa é separar o joio do trigo e publicar o joio". Será mesmo? João Saad, do Grupo Bandeirantes, perguntava para a sua equipe: "Não nasceu nenhuma flor hoje?". Publicar notícias ruins é normal, mas é natural? Podemos e devemos também publicar boas notícias.

Se a internet estiver doente, o New Rádio também estará. Esses são pontos essenciais de reflexão para termos uma internet melhor, mais humana, consciente e, por que não, amorosa. O normal já não está funcionando mais. Por que não dar uma chance ao natural?

As redes sociais e o áudio

Não procure, do contrário não encontrará. Não procure e ache. Não busque e encontre.

Lao Tsé

Antes mesmo da era digital, a comunicação já florescia em pequenas comunidades, prenunciando o que viriam a ser as redes sociais modernas. As conversas e fofocas locais, que circulavam de ouvido a ouvido... **"de miado a miado", interrompe o Faísca**, pavimentaram o caminho para as complexas redes de compartilhamento de informações que temos hoje.

As redes sociais contemporâneas unem áudio e imagem, mas nem sempre o áudio é indispensável. No entanto, ele pode ser crucial para captar nuances na fala que a imagem sozinha não revela. Existem espaços onde a imagem é deixada de lado, prevalecendo o áudio. Em uma era dominada pela busca da imagem perfeita, qual é o espaço para um meio que se concentra exclusivamente no áudio, como o rádio?

Recentemente, plataformas como o X (antigo Twitter), com o Spaces, e o Facebook, com o Sound Bites e Live Audio Rooms, reafirmaram a importância e a relevância do áudio, reunindo pessoas com interesses comuns em ambientes puramente sonoros. Outras plataformas de áudio na web, incluindo rádios tradicionais, mostram que o áudio, um formato ancestral de comunicação, não apenas sobreviveu ao passado como também se destaca no presente e abre caminhos para o futuro. "Eu mando muitas mensagens de áudio pelo WhatsApp", afirma o Faísca.

Mudanças estruturais estão em curso na indústria do áudio e do rádio, impulsionadas pela forma distinta como a geração Z consome jornalismo, divergindo radicalmente dos hábitos de gerações anteriores. Segundo o Reuters Institute, essa nova geração mantém uma relação volátil com as grandes marcas de mídia tradicional, o que exige uma reavaliação da interação com o público (OBCOMP, 2024). Isso incentiva a mídia a explorar iniciativas criativas, com muitos comunicadores (inclusive jornalistas) migrando para plataformas digitais para se conectar com seu público onde ele está.

Um exemplo notável dessa transição é o canal *Por Dentro da Máquina* no YouTube, criado por Heródoto Barbeiro. Esse canal oferece conteúdo rico e variado que demonstra o potencial ilimitado do áudio e do vídeo na web. *Por Dentro da Máquina* não é só uma plataforma de disseminação de conhecimento; é uma prova viva de como os meios de comunicação podem evoluir e se adaptar às novas realidades digitais, mantendo-se relevantes e engajados com a audiência em um cenário em constante mudança.

Todo mundo "pod"

Podcast ruim é igual ao Oxxo: tem um em cada esquina, mas não tem coxinha para ajudar a engolir.

Fernando Vítolo

Responda rapidamente: quantos podcasts você conhece? Quantas pessoas desconhecidas viraram celebridades graças aos podcasts? Quantos já foram desmonetizados? O número é imenso. Cada um de nós é capaz de listar uma porção. **"12... 13... 14... Vixe, perdi a conta", compartilha o Faísca.**

Desde a Antiguidade, a humanidade reconheceu a importância de preservar o conhecimento e a cultura através das bibliotecas. Esses tesouros de sabedoria, como a grandiosa Biblioteca de Alexandria, foram alvo de destruição ao longo da história por regimes que viam nelas uma ameaça. Até mesmo na história recente, episódios de censura e queima de livros se repetiram, mostrando que a luta pela preservação do conhecimento é constante.

No entanto, a era digital nos traz uma forma inovadora de preservar e disseminar o conhecimento: pelas audiotecas. Esse termo, que resgatamos agora, destaca a transformação do áudio em uma plataforma versátil para conteúdos variados, de humor e música a notícias e educação, majoritariamente conhecida como podcast. Esses arquivos digitais, disponíveis on demand, permitem ao público acessar conteúdos de seu interesse a qualquer momento e compartilhá-los amplamente.

Podcast que é podcast precisa de imagem

*Sei que estou certo pelo
surgimento de pais das minhas ideias.*
Heródoto Barbeiro

Você já viu, assistiu a um podcast sem imagem? Provavelmente não. Mas é possível acompanhar o episódio só com o áudio? Sim, uma vez que a imagem é, salvo exceção, sempre a mesma: o rosto dos participantes em torno de uma mesa. Logo, o podcast não é nada mais do que o desdobramento do New Rádio, como já explicamos.

A popularidade dos podcasts cresce continuamente, provando que o áudio é uma mídia potente e adaptável. Muitos deles são enriquecidos com imagens, mas o foco permanece na experiência auditiva. Veículos de notícias renomados, como a BBC, estão convertendo reportagens escritas em podcasts, diversificando a forma como o público consome informações.

Os podcasts representam uma ponte entre o tradicional e o digital, unindo a familiaridade e a credibilidade do rádio à conveniência e acessibilidade da internet. Estão disponíveis em uma variedade de plataformas, atendendo a todos os interesses, desde a culinária até a ciência avançada. Dois destaques particulares são o *NEH! Podcast*, que explora o universo das marcas corporativas com a participação de dois autores deste livro, exemplificando a diversidade de temas abordados; e o talk show do Fernando Vítolo, de quem inclusive você tem acompanhado diversas entrevistas aqui pelo nosso livro multiplataforma.

Além disso, a publicidade encontrou nos podcasts um meio criativo e eficaz de alcançar audiências, demonstrando o valor comercial dessa plataforma. "Já falamos disso", se irrita o bichano.

Por fim, a tecnologia digital e o áudio oferecem uma salvaguarda contra a perda de acervos culturais, com muitas bibliotecas mundiais digitalizando e disponibilizando seus textos também em formato de áudio. Essa inovação facilita o acesso a um vasto conhecimento sem as barreiras físicas do passado, abrindo um universo de possibilidades para pesquisa e educação diretamente das nossas casas ou dispositivos móveis.

Jaques Gersgorin, uma lenda no rádio com o seu Kaleidoscópio, um programa de rock. Um dos pioneiros no Brasil, influenciou diversos dos radialistas que temos hoje, entre eles o Zé Luiz do programa *Do Balacobaco*. Vem conferir um pouco da história do Jaques no QR Code.

Da onda ao clique

Cem mil lâmpadas sejam acesas em uma sala, todas brilhando, e nenhuma interfira na outra.

Buda

No cenário atual, dominado por uma variedade de plataformas digitais, o elemento humano ainda se destaca. Influenciadores digitais conquistam legiões de seguidores, recebendo apoio e simpatia do público que navega na web. As plataformas digitais, operando sob um modelo comercial adotado no Brasil, impulsionam não só a programação, mas também as vendas, sustentando programas que vão desde notícias e humor até serviços e novidades musicais.

É difícil encontrar alguém desconectado. O Facebook, por exemplo, reúne sozinho cerca de 2 bilhões de usuários globais. Os brasileiros passam em média quatro horas por dia nas redes, colocando o país em quarto lugar no consumo mundial (RBA, 2023). Esse é um ecossistema no qual o New Rádio também se faz presente e ativo.

A publicidade, seguindo essa tendência humana, migrou em massa para a web. Por perceberem isso tardiamente, algumas empresas viram seu mercado encolher. Aprendeu-se que o controle agora reside nas mãos do ouvinte, do consumidor. Os formatos publicitários passaram a ser variados, abrangendo desde os tradicionais comerciais de rádio até testemunhais e anúncios em podcasts e plataformas de streaming.

O testemunhal, em particular, demonstrou ser uma estratégia eficaz. Influenciadores e apresentadores, portadores de credibilidade junto ao seu público, transformam suas recomendações em atividades comerciais poderosas. A intimidade, o calor humano e a sensação de credibilidade são decisivos para o sucesso publicitário. E a interatividade da internet potencializa essas ações, permitindo uma avaliação imediata e a possibilidade de ajustes rápidos com base no feedback do público.

Publicitários enfrentam o desafio de capturar a atenção das pessoas em um mundo saturado de opções de áudio. A habilidade em integrar a publicidade ao conteúdo de forma quase imperceptível tem se mostrado essencial, como evidenciado pelo sucesso do Spotify, que oferece um modelo on demand sustentado por anúncios.

O crescimento do e-commerce, especialmente durante eventos como a Black Friday, demonstra uma migração crescente da publicidade para as redes sociais, onde o áudio também tem seu espaço. De 2019 para 2020, o faturamento do e-commerce no Brasil passou de 76,8 bilhões para 138,8 bilhões de reais (FecomercioSP, 2024). "Depois da pandemia eu só compro petiscos pela internet", afirma o Faísca.

Portanto, o áudio e o rádio, navegando nas ondas digitais, exploram novas avenidas para garantir sua sustentabilidade financeira e conquistar um público fiel no diversificado mercado de mídia atual.

Como você já percebeu, uma coisa que gera cliques são notícias ruins. Será que é papel do jornalismo dar só notícia ruim? Vem conferir no QR Code uma entrevista superdescontraída com o jornalista Fernando Martins.

Conexões sem fronteiras

Não basta sair a campo com uma ideia na cabeça e uma câmera na mão, tem que haver treinamento.
Glauber Rocha

No ritmo acelerado do metrô, que desliza rapidamente de uma estação a outra, a multidão a bordo tenta manter a recomendação de evitar aglomerações, um desafio em meio à pandemia do coronavírus. Com máscaras que se tornaram símbolos de proteção, cuja eficácia ainda suscita debates, a maioria dos passageiros mergulha nos seus smartphones, muitos deles isolados do mundo exterior pelos fones de ouvido. Distraídos, mal notam os vendedores ambulantes que, com habilidade e uma voz que lembra locutores de rádio, tentam captar sua atenção entre as estações.

Enquanto isso, o rádio e o áudio encontram seu caminho nas redes sociais, verdadeiras teias de conexões e interações. A tecnologia digital encurtou distâncias, criando um mundo onde a separação física se dissolve, e os amigos dos nossos amigos tornam-se, por sua vez, elos de uma vasta rede de compartilhamento. Dentro dessa mandala digital, com limites tão fluidos quanto imprevisíveis, o rádio expande seu alcance, tocando vidas através de podcasts e outros formatos.

Essa rede digital, sustentada por dispositivos como smartphones, tablets e laptops, é um constante fluxo de dados que inclui uma rica variedade de conteúdo auditivo. Informações, músicas, humor, esportes e notícias viajam de nó em nó, alimentando um ciclo incessante de trocas. Mesmo quando acreditamos estar desconectados, por descanso ou atenção a outras tarefas, a rede se mantém ativa, tecendo relações e comunidades com interesses comuns.

A conectividade, o cerne dessa nova realidade, permite não apenas o trânsito contínuo de comunicação, mas também a preservação de conteúdos que consideramos importantes, sejam eles programas musicais, áudios informativos ou pensamentos efêmeros. A sociedade se reorganiza em torno dessas redes digitais, superando limitações anteriores impostas pela tecnologia analógica. "Antigamente eu me conectava com as gatas pelo telhado da vizinhança", compartilha o Faísca.

Na era da internet, os programas do New Rádio se entrelaçam com as novas gerações de tecnologias de acesso, abrindo espaço para que os usuários, além de consumir, também produzam e compartilhem conteúdo. A colaboração voluntária em redes amplia o alcance e enriquece a qualidade das produções, marcando uma nova fase na comunicação contemporânea, em que as emissoras de rádio e plataformas de áudio navegam por entre as ondas digitais e alcançam ouvidos em todo o mundo.

Antes do www

Da pequena faísca pode surgir uma chama poderosa.
Dante Alighieri

Com o fim da Segunda Guerra Mundial em 1945, o mundo testemunhou o devastador saldo de milhões de vidas perdidas nos campos de batalha e de concentração, bem como o início de uma nova era marcada pela Guerra Fria e pela ameaça nuclear. As bombas atômicas lançadas sobre o Japão eram um prenúncio do que poderia advir dessa tensão crescente. Nesse mesmo ano, Arthur C. Clarke, cientista e escritor de ficção científica, publicou um artigo visionário questionando a possibilidade de estações espaciais fornecerem cobertura de rádio global, conceito que ele denominou de World Wide Radio.

Na época, os avanços tecnológicos ainda eram incipientes, limitando-se aos foguetes V-2 desenvolvidos pelos alemães sob a liderança de Von Braun. A ideia de lançar objetos para além da gravidade terrestre e mantê-los em órbita parecia distante. No entanto, a criatividade de Clarke não tinha fronteiras. Ele sugeriu a utilização desses foguetes como forma de refletir ondas de rádio, pavimentando o caminho para o primeiro satélite artificial da Terra, e assim, potencialmente, cobrindo o globo com transmissões de rádio. **"Não é o que o Elon Musk está fazendo hoje com a internet?", questiona o Faísca.**

Esse conceito visionário prenunciou a World Wide Web, nossa conhecida internet, por pelo menos duas décadas. Durante a Guerra Fria, o rádio emergiu como ferramenta crucial no confronto ideológico entre o capitalismo, liderado pelos Estados Unidos, e o comunismo, pela União Soviética. A batalha não se restringiria mais à potência dos transmissores ou à localização das antenas, mas envolveria a capacidade de disseminar informações, notícias e propaganda política.

Embora a televisão tenha experimentado um significativo crescimento graças aos avanços tecnológicos globais, foi o rádio que se destacou como o meio mais eficaz na transmissão de informações importantes.

As ideias de Clarke finalmente se concretizaram com o desenvolvimento de foguetes mais avançados e satélites sofisticados. Sua capacidade de antecipar o futuro se estendeu a outras obras, incluindo o renomado *2001: Uma Odisseia no Espaço*, que foi magistralmente adaptado para o cinema por Stanley Kubrick, em 1968.

Tá achando que vida de jornalista é fácil? De radialista também não é moleza. Bora conferir a entrevista do experiente jornalista Luiz Carlos Ramos.

O alvorecer do rádio no Brasil

O cisco em teu olho é a melhor lente de aumento.
Theodor W. Adorno

Em 1886, a Exposição do Centenário da Independência dos Estados Unidos marcou um ponto de virada técnico e industrial para a nação emergente. Dom Pedro II, o imperador do Brasil, foi a estrela do evento a convite do presidente Grant. A exposição, estendendo-se por quase um quilômetro no Fairmount Park, atraiu mais de 10 milhões de visitantes com suas 30 mil exibições, com destaque para o imenso Pavilhão das Máquinas, onde a inovação americana foi celebrada sob o olhar atento de Dom Pedro II e Grant.

Fascinado por novas tecnologias, o imperador dedicou especial atenção ao estande de Thomas Edison e ao revolucionário invento de Alexander Graham Bell: o telefone. Esse momento representou um marco, com Dom Pedro II adquirindo imediatamente uma linha telefônica para conectar o palácio imperial aos seus ministros no Rio de Janeiro, evidenciando o potencial da comunicação instantânea. *"Sabia que tinha ouvido sobre isso no NEH! Podcast"*, repete o Faísca.

Naquele período, o Brasil ainda estava enraizado na monocultura do café, com a economia influenciada pelo escravismo e latifúndios. Em contraste, os Estados Unidos e a Europa avançavam para a segunda fase da Revolução Industrial, impulsionados por uma guerra de patentes que fomentava a espionagem industrial e fortalecia a proteção à propriedade intelectual. Esse cenário competitivo destacava a importância do domínio do conhecimento, precursor do imperialismo moderno, e a centralidade das patentes em um mundo industrializado em rápida expansão.

No Brasil, figuras pioneiras como o padre Roberto Landell de Moura, visto por muitos como alguém à frente de seu tempo, contribuíram para as inovações em comunicação. Apesar de realizar a primeira demonstração de transmissão de voz via rádio pouco tempo depois da Proclamação da República, Landell enfrentou o desinteresse dos investidores locais, preocupados exclusivamente com o mercado do café. Seu invento, que antecedeu o telefone sem fio e o rádio, patenteado tanto no Brasil quanto nos Estados Unidos, não viu o apoio necessário para se desenvolver plenamente, diferentemente de Guglielmo Marconi, que, com o suporte do capital inglês, avançou na telegrafia sem fio.

Esses momentos definidores não só moldaram o futuro das comunicações, mas ilustraram o contraste entre o impulso inovador e as barreiras econômicas e culturais que muitas vezes impedem o avanço tecnológico.

O New Rádio navega por todas as plataformas. No Brasil, o início da TV se deu com profissionais do rádio. É muito válido, portanto, também entendermos um pouco do telejornalismo. Assista à entrevista completa com Lívia Zanolini pelo QR Code.

A ascensão do rádio na Era Dourada americana

Sempre que você se encontrar do lado da maioria, é hora de parar e refletir.

Mark Twain

No final do século XIX, os Estados Unidos vivenciaram uma expansão capitalista sem precedentes. Após a Guerra Civil, o país entrou numa fase de reconstrução que abriu caminho para empresários do nordeste difundirem seus negócios pelo sul e oeste. Essa época de crescimento econômico foi sustentada pela robusta produção agrícola, incluindo grãos e carne, que abasteciam as crescentes metrópoles americanas e ainda alimentavam mercados europeus. Em busca de lucro, o setor agropecuário investiu em tecnologia, de maquinários a fertilizantes, ampliando seu alcance.

Nesse período de intensa competição por lucros e empreendimentos, emergiram empresários dispostos a tudo para estabelecer monopólios em seus setores. Conhecidos como "barões ladrões", John D. Rockefeller, Andrew Carnegie, Jay Gould e J.P. Morgan se destacaram. Eles foram a força motriz por trás da chamada Era de Ouro, contribuindo para a ascensão dos Estados Unidos como uma potência econômica.

Foi nesse ambiente efervescente que o rádio encontrou seu espaço. Já influente na imprensa escrita, o capital de investimento voltou-se para o nascente setor, que logo se viu buscando financiamento através de patrocínios comerciais. As emissoras de rádio, com a missão de gerar lucros para os seus acionistas, rapidamente adotaram a publicidade como principal fonte de receita. No começo o faturamento era modesto, levando-as a procurar apoio financeiro de outras empresas dentro dos mesmos conglomerados econômicos.

O início oficial da era do rádio nos Estados Unidos é marcado pela fundação da KDKA em 1920. A inovação tecnológica, especialmente a válvula, precipitou uma proliferação de estações comerciais. Sem a disponibilidade de receptores acessíveis e de alta qualidade, esse *boom* seria inviável. Então, fabricantes de rádios utilizaram as transmissões como estratégia para impulsionar a venda de aparelhos. Até 1938, cerca de 40% das 660 estações já estavam filiadas a alguma rede, evidenciando o sucesso desse novo meio de comunicação, que reunia famílias ao seu redor para desfrutar de notícias, música e programas emblemáticos como os discursos *Conversa ao Pé da Lareira* de Roosevelt durante a Grande Depressão.

Contrastando com o modelo americano, na Europa as emissoras de rádio recebiam financiamento estatal, sem depender de receitas publicitárias, delineando, assim, dois modelos distintos de operação no cenário global do rádio. "Se era estatal, quem pagava era o povo?", questiona o gato.

Quem atua no rádio ganha muitos presentes: desde trabalhar com quem você sempre sonhou até receber depoimentos incríveis de pessoas que você ajudou pelo seu programa. Vem conferir um pouco da história de Kaká Rodrigues.

100 anos de rádio no Brasil

Se quero aprender, devo fazê-lo ouvindo.
Larry King

A celebração do centenário da Independência do Brasil em 1922 iniciou sob um clima de tensão política. O recém-eleito presidente Artur Bernardes enfrentava forte oposição nos meios militares, exacerbada pela acusação de fraude eleitoral por parte dos "tenentes", oficiais jovens que denunciavam a manipulação dos votos pela elite cafeeira, um fenômeno conhecido como política do café com leite. A situação escalou com a publicação de cartas falsamente atribuídas a Bernardes, acentuando as tensões e quase impedindo sua posse.

Em meio a esse cenário conturbado, o Forte de Copacabana se tornou o epicentro de uma rebelião liderada por Euclides Hermes, desafiando o governo a buscar reformas políticas. O confronto resultou nos 18 do Forte, um grupo que lutava contra forças governamentais superiores, e marcou o início do movimento tenentista.

Enquanto isso, o governo de Epitácio Pessoa preparava uma grande feira no Rio de Janeiro para celebrar o centenário da Independência, visando exibir os avanços do Brasil ao mundo num momento em que rumores de novos levantes militares pairavam sobre sua administração.

A revista *A Voz do Mar* descreveu o centenário como "o maior acontecimento do século para a nossa nacionalidade" e enfatizou a importância da Independência e da Constituição na construção da identidade nacional brasileira, mais até do que a própria República.

O ponto alto das celebrações, definido para 7 de setembro, não apenas refletiu sobre a história do Brasil, mas também projetou visões para o futuro da "nação do futuro". A exposição, que atraiu participantes de todo o mundo e previu milhões de visitantes, incluiu uma transmissão de rádio histórica de 52 minutos a partir do Parque do Flamengo. Com músicas, relatos e dramatizações históricas, a transmissão representou o início oficial da era do rádio no Brasil, inaugurando um novo capítulo na comunicação e na cultura nacional. "Se fosse um podcast desses que a gente conhece, teria umas quatro horas de duração!", exclama o Faísca.

O espaço para a cidadania, o meio ambiente, a solidariedade...

Todo gestor de um espaço de comunicação na internet tem o compromisso ético de tornar o mundo melhor, mais pacífico, igualitário e solidário. Nada contra ganhar dinheiro, seja pelo volume de likes, seguidores, compartilhamentos ou publicidade veiculada. Contudo, o lucro não pode ser o principal motivo para se desenvolver a comunicação. Ele deve ser uma consequência do bom programa veiculado.

"Bem, então vamos lá, começamos com a defesa dos animais", anima-se o Faísca. Os animais são seres sencientes, uns mais amistosos do que outros com os seres humanos. Mas todos têm o direito de viver, não ser caçados, maltratados e perseguidos por qualquer motivo. Caçar animais silvestres só em caso de fome extrema. Não se justifica matar uma capivara, como a Capitu, apenas para provar sua carne, ou o Rodolfo, o jacaré que habita a Reserva Mahayana do Heródoto Barbeiro.

Há um compromisso do cidadão pela defesa das matas e florestas, e para isso são necessários programas educativos e de denúncia contra os que insistem, por exemplo, em soltar balão. É preciso entrevistar autoridades, cobrar ação do Estado e pressionar políticos para que votem em leis a favor do meio ambiente. Divulgar eventos educativos e culturais da comunidade, da cidade, do país, incentivar as pessoas a irem a museus, comemorações, festas escolares, folclóricas, cívicas e tudo o que possa ajudá-las a participar de uma comunidade.

Esses são apenas alguns exemplos do papel cidadão do apresentador de programa, mas existem inúmeros outros temas do bem. Por que não divulgá-los?

E falando em história do rádio no Brasil, também entrevistamos Salomão Ésper. Ele compartilhou o momento em que conheceu Monteiro Lobato e até sua experiência de transmitir diretamente dos EUA o primeiro pouso do homem na Lua. Acompanhe pelo QR Code.

O vestibular do Faísca

Sem imprensa livre, deixamos de ter a democracia como a conhecemos.
Bob Schieffer

Para receber o diploma, o bichano intruso faz uma lista de perguntas. Só cola grau quem acertar pelo menos 19 das 20 questões. O gato do Heródoto está certo de que vai abiscoitar um saco daquela ração mais cara e, por isso, posta mais uma série de sugestões que coincidem com as da Valerie Geller (2011):

Você...
1. Fala de forma coloquial com o seu público?
2. Faz leitura dirigida a ele?
3. É enfático quando faz leitura ou é monocórdio?
4. Faz transição suave e com ligação entre assuntos e quadros diferentes do programa?
5. Fala descritivamente para o público poder visualizar o conteúdo?
6. Conta histórias poderosas e interessantes?
7. Apresenta ao público personagens com os quais ele se identifica?
8. Consegue ser bem-humorado e engraçado?
9. É capaz de manter o interesse do público ao longo de todo o programa?
10. Apresenta momentos de veracidade que fazem sentido?

11. Busca sempre novidades?
12. Revela detalhes pessoais autênticos?
13. É capaz de ser pessoal sem divulgar a sua privacidade?
14. É chato, deixa os assuntos se arrastarem?
15. Assume riscos durante a apresentação do programa?
16. É capaz de apresentar temas relevantes que provocam no público o desejo de repartir com os seus amigos o que ouviu?
17. Se diverte?
18. Dá ao seu público motivos para acompanhá-lo nos próximos programas?
19. Atende o público com entretenimento, notícias, inspiração, conexão e persuasão?
20. É capaz de fazer o seu público ficar sentado no carro esperando terminar um assunto apesar de já ter chegado ao seu destino?

Todo mundo que respondeu corretamente vai receber o troféu O FAÍSCA DE OURO para pôr na estante de livros em casa. **"Esse é o melhor troféu que qualquer profissional do New Rádio poderia ter"**, se gaba o Faísca.

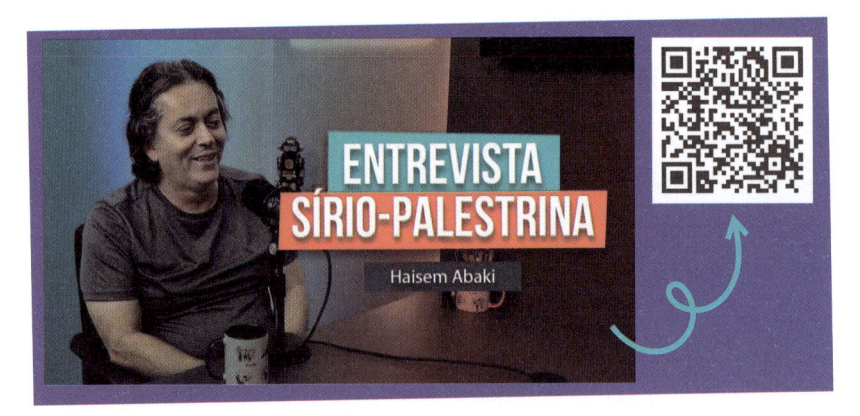

"Não nasceu nenhuma flor hoje?". Quer entender sobre o que estou falando? Vem conferir a entrevista com o jornalista e radialista Haisem Abaki.

Para não dar vexame

Jornalismo é um fluxo.
Heródoto Barbeiro

Apresentadores e jornalistas de todas as plataformas precisam falar e escrever corretamente. Ainda bem que existem os corretores nos computadores para ajudar. Para falar, é preciso um pouco mais de cuidado. É verdade que os dicionários hoje também ensinam as pronúncias das palavras. Com essa história de globalização, ficou ainda mais necessário consultar.

Recentemente ouvimos uma noticiarista falar em *com-pli-en-ce* de empresas. Repetiu logo depois. No resumo do noticiário do dia, corrigiu para "complience" ("coplaiense"). Pega mal. Assim, ninguém morre de parada cardíaca. Morre-se de alguma doença que provocou a parada cardíaca. Que tal, em vez de dizer "o juiz Fulano de Tal da Décima Terceira Vara Cível da Comarca de Taiaçupeba", trocar por "A justiça decidiu que..."? E checar se o Flamengo é campeão do campeonato carioca ou fluminense?

O programa, não importa em qual plataforma, insistimos, deve ter uma comunicação fácil, com palavras conhecidas, texto dialogado com o público. Nessas horas, dar sinais de erudição não ajuda. Atrapalha. Por exemplo, que tal trocar:

"Aeronave" por "Avião"?
"Ancião" por "Velho"?
"Ataúde" por "Caixão"?

"Autoridade policial" por "Delegado"?
"Cadáver" por "Corpo"?
"Cálculo renal" por "Pedra no rim"?
"Chefe da nação" por "Presidente"?
"Coletivo" por "Ônibus"?
"Data natalícia" por "Aniversário"?
"Egrégio Supremo Tribunal" por "Supremo Tribunal Federal"?
"Enfermidade" por "Doença"?
"Falecido" por "Morto"?
"Genitora" por "Mãe"?
"Larápio" por "Ladrão"?
"Lograr êxito" por "Sucesso"?
"Matrimônio" por "Casamento"?
"Meliante" por "Bandido"?
"Membro do Ministério Público" por "Promotor/procurador"?
"Morgue" por "Velório"?
"Nosocômio" por "Hospital"?
"Nubentes" por "Noivos"?
"Profissional de imprensa" por "Jornalista"?
"Profissional da saúde" por "Médico"?
"Profissional do sexo" por "Prostituta"?
"Profissional do volante" por "Motorista"?
"Transporte sobre trilhos" por "Metrô"?
"Velho Continente" por "Europa"?
"Viatura" por "Carro"?
"Vindouro" por "Próximo"?
"Vítima fatal" por "Morto"?

Aviso aos jornalistas, com ou sem diploma: se a gente ganha a mesma coisa, por que escrever "metrópole" em vez de "cidade"? "Vamos facilitar, eu também quero entender", diz o gato Faísca.

O case do Jornal Novabrasil

Não acredite em nada do que digo. Experimente.
Buda

O desafio de programar um jornal auditivo requer as duas rodas da carroça. Com uma roda só, não sai do lugar. Uma é utilizar todas as redes sociais disponíveis para atingir o público onde quer que esteja. A outra é identificar o público que se quer atingir. Diante da nova distribuição das verbas publicitárias, é necessário ter um grupo reduzido de profissionais que seja suportado pela empresa.

Sir Arthur C. Clarke, inventor da comunicação via satélite geoestacionário e autor de dezenas de livros de ficção científica de sucesso, sabe alguma coisa sobre a evolução de grandes ideias. Ele criou as Leis de Clarke, das quais uma diz: "O único caminho para desvendar os limites do possível é aventurar-se um pouco além dele, adentrando o impossível".

O modelo inspirado no Jornal Novabrasil é o talk news. Faísca é o gerente da empresa e quer saber de gastar menos e faturar mais.

A experiência faz Heródoto Barbeiro lembrar que apresentar ideias novas traz o risco de apanhar. Mudar é apanhar. Primeiro ridicularizam sua ideia, depois se colocam contra e finalmente viram os pais da ideia. Mesmo assim vale a pena. Imagine entrar em um mercado saturado de notícias pela manhã em São Paulo com as plataformas sociais a toda velocidade e um punhado de notícias que já foram divulgadas durante a noite e a madrugada. O que fazer? Buscar uma fórmula diferente dos concorrentes, melhor ou pior, mas diferente. Com essa visão, Heródoto Barbeiro construiu mais um case. Um exemplo prático para ser analisado e criticado.

0. O princípio do começo, como diz o Faísca, é a independência editorial e o desejo de seguir as regras da ética jornalística balizada pela lição do Cláudio Abramo: "Jornalismo é o exercício diário da

inteligência e a prática cotidiana do caráter". Portanto, a busca por um diferencial competitivo tem limites: as regras da ética jornalística.

1. O jornal está apoiado no apresentador, que também pauta, redige, participa da reunião de pauta e contribui na produção home office. Aquela história de chegar em cima da hora, pegar tudo mastigado e improvisar comentários baseados nos achismos "a-c-a-b-o-u", soletra o Faísca.

2. O Jornal Novabrasil é apresentado em uma rede nacional. Assim, cada praça colabora com o envio de reportagens gravadas e que são espalhadas ao longo de uma hora. As entradas ao vivo são reservadas para algo que acontece no momento, para não engessar a fluidez do programa.

3. No bloco local, o foco é a região da Grande São Paulo. Um círculo de aproximadamente 100 quilômetros, onde estão cidades populosas como Guarulhos, Campinas, Sorocaba, Santos, e outras menores. O público é alcançado pelas redes sociais ou pelo FM quando mais próximo à capital. Hoje um fluxo grande de pessoas se deslocam nesse perímetro, daí o foco na Grande São Paulo.

4. A produtora do jornal, o redator, o repórter na rua e a assistente coordenam o programa, entram no ar com informações e prestação de serviço, participam da reunião de pauta e convidam os entrevistados do dia. Lugar de repórter é na rua, e não cozinhando o que já foi publicado nos sites, repetido à exaustão pela concorrência.

5. O apresentador não opina abertamente sobre os assuntos tratados. Ele explica. A opinião frontal é dos entrevistados, mais de um lado nos temas polêmicos. "O mote é agora *o outro lado*", acrescenta o Faísca. Não se admite a enrolação, encheção de linguiça, longos comentários sem qualquer base de conhecimento, nem arroubos de pseudocondutor de povos. "Bate-papo sobre o óbvio ululante, nem pensar", cutuca o Faísca.

6. Diariamente há uma enquete com participação aberta nas redes sociais com parciais e conclusão final checadas e divulgadas no ar pela responsável pela mesa de áudio no estúdio. Quando há crítica ao apresentador ou correção de informação, ele chama atenção dos demais e participa do processo.
7. A comunicação se dá através do áudio. Isso não quer dizer que a entrada de entrevistados e repórteres não seja pelas plataformas com imagem. Contudo, apesar da melhor qualidade do som, caso haja algo relevante na imagem, ela deve ser descrita para o público acompanhar pelo áudio. "Rádio com imagem não é televisão", lembra o gato Faísca.
8. As características do talk news Jornal Novabrasil estão explicadas nos itens anteriores como credibilidade, respeito aos preceitos da ética e nomeação de fontes quando forem exclusivas, inclusive da imagem da TV Globo no aparelho que está pendurado no estúdio.
9. O no ar, ou melhor, o on air, é substituído pelo on-line. "Óbvio", diz o gato.
10. O grupo, liderado pelo apresentador, tem em mente que faz jornalismo para o público que deposita sua atenção e confiança no que está on-line. Não se faz nem reportagem nem entrevista para ganhar prêmio ou qualquer outra vantagem.
11. O humor está presente em todo o programa, respeitando a tênue linha que o separa de um talk show. Uma coisa é uma coisa, outra coisa é outra coisa, dizia o Vicente Matheus, presidente do Coringão, com apoio do Faísca.
12. Diante da imensa concorrência promovida pelas redes sociais com informações de toda ordem, mais os veículos tradicionais, o Jornal Novabrasil opta pelo diferente. Pode ser melhor ou pior que a concorrência, mas *jamais* pode ser igual.
13. Todos ouvem os noticiários concorrentes, respeitados, mas muito parecidos uns com os outros. Basta acompanhar as escaladas de

abertura para constatar a semelhança entre um e outro. O talk news foge disso e escala poucas manchetes de cabeça de sites, além de buscar outras notícias espalhadas em fontes que geralmente são esquecidas.

14. O apresentador não faz perguntas para o seu conhecimento pessoal; faz as perguntas que o público gostaria que fizesse. O entrevistado fala através dele para o público, como dissemos. Considerando-se que o público é rotativo, tem pouco tempo e presença, as entrevistas precisam ser curtas, até sete minutos. Se o tema tomar uma amplitude maior, não tem hora para acabar. **"Só quando o assunto se esgotar", resmunga o gato.**

15. Colaboram os técnicos, dando não só sustentação para a emissão, mas sugestões, comentando o que está sendo apresentado, ou seja, fazem também parte da equipe editorial do Jornal Novabrasil. O responsável pela conexão das entrevistas acompanha pelo vídeo, corta para o que se passa no estúdio, edita as entrevistas para divulgação nas redes sociais do Grupo Thathi e separa um teaser para exibir imediatamente após o fim das entrevistas. É um verdadeiro diretor de conteúdo.

16. A escalada tem uma organização inédita. Algumas manchetes são seguidas de "comentários" musicais. **"Musicais!", indigna-se o Faísca.** Quando se informa que o metrô está em atraso, entra o Martinho da Vila com "é devagar, é devagar, é devagarinho", ou, se uma ação culmina com a prisão de um esquema de corrupção, seguem os Originais do Samba com o "se gritar *pega ladrão*, não fica um, mermão". O lançamento da Space X é comentado pela Rita Lee: "Alô, alô, marciano, aqui quem fala é da Terra". E vai por aí afora. Geralmente, num conjunto de 35 manchetes, 7 ou 8 são seguidas desses comentários. Não se exclui nem mesmo o Frank Sinatra, Motley, Batman, o leão do imposto de renda... Há uma preocupação para se evitar o exagero de som, que é gerenciado pela operadora

que está na mesa. Só o treino, a troca de olhares e o comprometimento de todos possibilitam essa escalada.

17. O Jornal Novabrasil tem inefável repórter na rua, no trânsito, na prestação de serviço, e são personagens no mundo da divulgação das notícias com humor e credibilidade. São conhecidos do público. Todos, inclusive a operadora da mesa, entram no ar, dão informações. Ninguém, jornalistas, radialistas, técnicos, escapa de falar no programa. O Jornal Novabrasil não tem dono. É do público e da equipe que o atende.

18. O encerramento do programa deve deixar uma mensagem alegre, para cima, com humor e tema que o público possa comentar com as pessoas que encontra no dia a dia. Assim, mais um participante monta um *pot-pourri* do tema ou do homenageado e conta no ar a importância da homenagem e das músicas que separou para ilustrar o tema. Também fala, produz, escolhe e apresenta.

19. O apresentador faz o programa de pé. Não senta nem usa os grandes fones de ouvido da moda. Anda pelo estúdio, conversa com todos enquanto o programa está no ar, se desdobra ao máximo para colaborar com o sucesso do programa e tem microfone e escuta pendurados na roupa. Usa paletó, afinal tem imagem que vai para as redes sociais. De pé é melhor para falar – tira o sono e dá mobilidade para conversas com a equipe. "Chega!", rosna o gato Faísca.

20. A capivara Capitu é a mascote do pagador de imposto; todo dia conta, através do impostômetro, quanto se pagou de imposto. A informação, on-line, está no impostometro.com.br.

21. "Finalmente!", outra vez diz o Faísca. "Já não chega de falar dessa chata dessa capivara? Em toda edição teima em apontar quanto se pagou de imposto no ano até aquele momento".

22. O objetivo do Jornal Novabrasil é contribuir para o desenvolvimento do espírito crítico do público, da cidadania, do respeito aos direitos e deveres de todos. Não distingue partidos, ideologias, preferências

de qualquer ordem. Acessa os portais de transparência do Estado e informa como é gasto o dinheiro dos impostos, se com viagens, contratação de cabos eleitorais ou políticas públicas. Tem preferência pelo novo, ainda que haja um rol de nomes de entrevistados, mas a pluralidade de fontes também faz parte do dia a dia da pauta.

23. "E o ego?", conclui o Faísca. Ele se incumbe de mantê-lo sob rédea curta. O programa não é um talk show, portanto não tem artistas. *By the way*, jornalista lida com fatos, artista lida com ficção. Jornalista descreve o que sabe, apura, conhece, vê. Artista finge, interpreta, simula.

24. Temperatura, chuva, neblina, aeroportos, transporte público, vacinação, volta às aulas, prazos de toda ordem, hora: não são informações irrelevantes para quem precisa delas.

25. Erros e incorreções constatados e apurados são imediatamente corrigidos no programa que ainda está on-line. Não se esconde nada do público. Consertar erros, e isso acontece com frequência, não tira credibilidade, e sim reforça. O único produto que o jornalista tem para vender é a credibilidade. Por isso não faz testemunhal, não privilegia amigos no noticiário, não puxa saco dos donos da empresa.

26. É preciso inovar sempre, e a chamada tecnologia adjacente ajuda. Assim como a invenção da roda possibilitou inúmeros usos, do carro de boi ao carro elétrico, as mídias sociais têm desdobramento e possibilidades infinitas, e a equipe não pode desgrudar o olho delas.

27. Foi contratado o Jefferson, o tal da busca pela felicidade. O programa quer deixar as pessoas felizes, informadas, alegres, abastecidas de fatos e cultura geral, de conhecimento compartilhado pelos entrevistados. "Pera aí, isso é um jornal ou uma religião?", se exalta o Faísca.

28. As quatro entrevistas no jornal atualizam o noticiário, repercutem em outras plataformas e até mesmo nas concorrentes. É um diferencial competitivo forte. Por isso os temas devem ser de interesse do público e acrescentar alguma coisa ao seu dia a dia. A comunicação

é um sucesso quando alguém compartilha nas suas redes sociais ou no encontro com as pessoa que convive.
29. A prestação de serviço traz fatos inéditos porque ocorrem a cada momento e se renovam. Trânsito congestionado, estrada fechada, aeroporto com voos atrasados, filas nos postos de vacinação, aglomeração na porta do INSS, chuva repentina, temperatura do momento, etc. Não são fatos menores; são de interesse do público.
30. Um teaser do entrevistado, apontado ao vivo, é repetido imediatamente quando se agradece a participação dele. Essa é uma forma de exaltar uma frase de efeito durante a entrevista.
31. Ao longo da entrevista, que é ao vivo, mas gravada simultaneamente, é assinalada uma declaração importante. Ao final, a declaração gravada momentos antes é exibida. É um pós-teaser, termo inventado pelo intruso deste livro, o gato Faísca.
32. O público é, como nunca antes, rotativo. Além de inúmeras estações de rádio, as TVs, abertas e fechadas, fazem pela manhã jornais descritivos, então não é preciso parar e ficar olhando. São rádios. As plataformas digitais não são inumeráveis. Por isso o projeto Novabrasil repete os assuntos mais importantes do dia, não importa se no espaço nacional ou local.
33. O finalmente dos finalmentes. Faísca completa: "a coragem é como o músculo; quanto mais praticada, mais forte fica".

Diferencial competitivo
1. Repórter da cidade na rua.
2. Entrevistas de temas relevantes.
3. Impostômetro nacional e local.
4. Subsidiômetro.
5. Minidebate sobre decisões legislativas.
6. Portal da transparência no Congresso e legislativos.
7. Charges musicais na escalada.
8. Enquete do dia.

9. Encerramento temático do dia.
10. Divulgação do mote de ética no jornalismo.

> *A ética deve acompanhar o jornalismo como o zumbido acompanha o besouro.*
> Gabriel García Márquez

> *O jornalismo é o exercício diário da inteligência e a prática cotidiana do caráter.*
> Cláudio Abramo

11. Combate do gillette press ao cozido de bits e bytes.
12. O princípio do carrossel, o giro de vozes no ar – todos falam.
13. No ar é um time de vôlei – todos defendem, todos atacam, todos fazem pontos.
14. O âncora é o levantador do time, é o que mais defende e levanta para todos cortarem.
15. Todos podem divulgar informações.
16. O público é o rei – tem o controle na mão.
17. Emissão do programa em multiplataforma.
18. Rotatividade de fontes.
19. Origem da fonte de material exclusivo.

Um pitaco em outra área

Todos somos líderes em algum momento do dia. Líderes não nascem, se desenvolvem no dia a dia. Alguns com mais facilidade do que outros, mas todos lideram: o presidente quando apresenta a execução de um projeto, o CEO ao anunciar um novo empreendimento, o motorista de ônibus quando conduz as pessoas em segurança, o professor quando dá a aula que preparou previamente, e por aí vai. O apresentador do programa também é um líder. No New Rádio, não deve ser confundido com o personagem do Chico Anysio, o Alberto Roberto, cujo jargão era "tudo euuuuuuuuuuuu". O apresentador do modelo talk news é um líder servidor. Em um time de vôlei, é o levantador, o medley, aquele que participa de todas as jogadas, mas não é o que mais faz pontos para a equipe. Defende, rebate e levanta a bola na rede para que o atacante faça o ponto. Não é o goleador, é o gestor da vitória. O apresentador é o pivô do programa, gira todos os participantes, dá ritmo, faz pequenas intervenções, improvisa quando necessário e dá o gancho para a participação de todos. Joga no meio da quadra, e em torno dele giram os demais protagonistas do programa. É a espinha da equipe, é o que passa a bola. Raramente sobe na rede para cortar e fazer um ponto. É um elemento que troca o sucesso fácil e aparente por um trabalho árduo; divide o sucesso com todos e assume os erros em primeiro lugar. "Tô fora, jacaré, desse tal de líder servidor", proclama o Faísca.

EM BUSCA DA CREDIBILIDADE

*O mais importante na comunicação
é ouvir o que não foi dito.*
Peter Drucker

Não importa o conteúdo e a forma de sua emissão no mundo digital. Ela tem que ter credibilidade. Programas de piadas, histórias, biografias, esportes, talk show, jornalismo, todos têm que ter credibilidade. *"Até os humorísticos, como o Pânico na TV"*, refuga o Faísca.

Credibilidade não se confunde com sisudez, chatice, caretice e outros "ices". Ela se constrói e, como diz o nosso "ombudscat", é difícil de se obter e fácil de se perder. E o público não perdoa. O primeiro passo para conseguir as audiências, os likes, os compartilhamentos, é entregar o que foi prometido. Se é um programa que promete ensinar como caminhar na Lua, deve ensinar como caminhar no satélite. Se promete ensinar os ganhos do e-commerce, ou de qualquer outra atividade, deve entregar. Cuidado com aquelas aberturas que prometem ensinar como ficar rico em 24 horas ou curar a fraqueza sexual em duas lições. Ou aquela manchete chamativa e que o apresentador vai empurrando a solução lá pro fim do tempo de paciência do internauta para obrigá-lo a ficar mais tempo plugado.

Lembre-se de que também se conquista o público com o boca a boca, um a um. Quando se é flagrado com safadeza, a demolição é muito mais rápida. É bom saber que o público associa à marca os atributos bons e maus. Vale para empresas de notícias como a BBC ou produtoras de chocolate como a Nestlé. Em qualquer lugar do mundo que se vai, ao se deparar com essas marcas, nos ocorre imediatamente que são empresas com credibilidade.

"Pera aí", intervém o gato, "fui passear no Irã e lá não consegui ver nem ouvir a BBC e a New Rádio Caramelo de Taiaçupeba. E, para concluir sem atrapalhar, já atrapalhando, os chocolates da Nestlé estavam jogados no chão do aeroporto de Katmandu, no Nepal, para venda. Nem com muita fome iria me arriscar a comer um Suflair ou um Bis. Ops, este é da Lacta!".

DEPOENTES

Explore os QR Codes a seguir para acessar uma coleção de depoimentos reunida por nossos autores. São histórias que marcaram a rádio brasileira e inclusive fornecem orientações de como fazer o New Rádio.

A reinvenção do rádio: do AM ao podcast

Adão Casares
Publicitário e copywriter

Adriana de Barros
Apresentadora, jornalista e radialista

Adriana Passari
Jornalista

Adriana Reid
Jornalista

Adriano Barbiero
Radialista

Afanásio Jazadji
Jornalista, publicitário, advogado, político e radialista

Alexandre Ferreira
Jornalista, radialista e professor universitário

Amorim Filho (Mano Véio)
Radialista

Ana Pellicer
Radialista

Anchieta Filho
Jornalista

Anderson Cheni
Jornalista e radialista

André Castilho
Radialista

André Ranieri
Jornalista

Angelo Ananias
Jornalista esportivo

A reinvenção do rádio: do AM ao podcast

Antoninho Rossini
Jornalista

Antonio Toledano
Publicitário

Antônio Viviani
Radialista e locutor

Arlete Taboada
Jornalista e professora universitária

Augusto Batalha
Radialista

Bernardo Veloso
Radialista

Braga Júnior
Jornalista e locutor esportivo

Camila Grecco
Jornalista e radialista

Carlos Henrique (Kaká)
Radialista

Carlos Maglio
Professor e jornalista

Carlos Righi
Publicitário

Carlos Sílvio Paiaiá
Radialista

Carlos Spina
Comentarista esportivo

Castilho de Andrade
Jornalista especializado em automobilismo

A reinvenção do rádio: do AM ao podcast

Cátia Toffoletto
Jornalista

César Oliveira
Locutor

Cesar Rosa
Radialista

Claudio Junqueira
Jornalista e professor universitário

Cláudio Nicolini
Jornalista e radialista

Claudio Zaidan
Comentarista esportivo e jornalista

Cléber Machado
Jornalista esportivo e locutor

Daniela Pedroso
Diretora da Rádio CBN Campinas

Danilo Telles
Jornalista

Danilo Fuin
Diretor Executivo da rádio Novabrasil

Débora Alfano
Jornalista

Debora Cristina Lopez
Jornalista e professora universitária

Débora Santilli
Radialista

Devanir Bissoli
Radialista e narrador esportivo

A reinvenção do rádio: do AM ao podcast

Diguinho Coruja
Comediante, locutor
e radialista

Domingos Machado
Jornalista e radialista

Doni Littieri
Locutor

Douglas Miquelof
Publicitário

Edemar Annuseck
Radialista e jornalista esportivo

Eduardo Montone
Jornalista e humorista

Elmo Francfort
Jornalista, radialista e professor
universitário

Emerson Santos
Radialista

Érico San Juan
Caricaturista, designer
e radialista

Fabbio Perez
Publicitário, jornalista
e radialista

Fábio Zamana Santos
Jornalista e radialista

Felipe Santos
Jornalista e professor
universitário

Felipe Xavier
Roteirista, humorista
e radialista

Fernando Gasparetto
Locutor, apresentador
e jornalista

A reinvenção do rádio: do AM ao podcast

Fernando Martins
Jornalista

Geraldo Leite
Publicitário e radialista

Geraldo Nunes
Jornalista e radialista

Haisem Abaki
Professor e jornalista

Helvio Borelli
Escritor e jornalista

Ivo Bueno Ferraz
Radialista e locutor

Izani Mustafá
Jornalista e professora universitária

Jaques Gersgorin
Radialista

João Ferreira
Radialista

João Umberto Nassif
Jornalista e radialista

Jorge Helal
Radialista, locutor e jornalista

Jorge Vinicius
Jornalista e narrador esportivo

José Abrão
Professor, publicitário, radialista, radiodifusor e político

José Abrão Filho
Administrador /
Antena 1 Sorocaba

A reinvenção do rádio: do AM ao podcast

José Arbex Jr.
Jornalista e professor universitário

Jota Júnior
Jornalista

Juca Kfouri
Jornalista esportivo

Júlia Lúcia
Radialista e professora universitária

Juliana Paiva
Diretora da Radiodata

Kaká Rodrigues
Radialista

Karen Cristina Kraemer Abreu
Publicitária, jornalista e professora universitária

Leila Mendes
Publicitária e professora universitária

Lilian Geraldini
Radialista, jornalista e locutora

Lívia Zanolini
Jornalista

Lorena Calábria
Jornalista e radialista

Luisa Borges Rocha
Jornalista

Luiz Carlos Ramos
Jornalista

Lula Vieira
Escritor, publicitário, jornalista, radialista, editor e professor

A reinvenção do rádio: do AM ao podcast

Maiara Bastianello
Jornalista

Marcelo Duarte
Jornalista e escritor

Márcio Bernardes
Jornalista, publicitário e professor

Marco Massiarelli
Jornalista e radialista

Marcos Aguena
Dublador, produtor, apresentador, repórter e locutor

Marcos Júlio Sergl
Radialista, maestro e professor universitário

Marcus Aurélio de Carvalho
Jornalista, radialista e professor

Marquês
Comunicador

Maurício Guisard
Publicitário

Maurício Nogueira Tavares
Professor universitário

Mauro Brandão
Radialista

Michelle Gomes
Jornalista

Michelle Trombelli
Jornalista

Mii Saki
Radialista, jornalista e professora universitária

A reinvenção do rádio: do AM ao podcast

Mílton Jung
Jornalista

Miriam Ramos
Jornalista e radialista

Nelson Gomes
Jornalista

Oscar Ulisses
Radialista e narrador esportivo

Osmar Santos
Radialista e locutor esportivo

Osvaldo Lyra
Radialista e jornalista

Paulinho Leite
Palestrante, locutor e radialista

Paulinho Patto
Radialista, produtor, DJ e locutor

Pedro Luiz Ronco
Radialista

Pedro Trucão
Jornalista e radialista

Pedro Vaz
Jornalista e professor universitário

Pj Negreiros
Humorista, produtor de conteúdo e locutor

Priscila Gubiotti
Radialista e professora universitária

Rafael Righini
Maestro, radialista e professor universitário

A reinvenção do rádio: do AM ao podcast

Raphael Rianelli
Publicitário

Regis Salvarani
Radialista

Ricardo Beccari
Fotógrafo e radialista

Ricardo Côrte Real
Cantor, compositor, escritor e apresentador

Roberto Coelho Barreiro Filho
Historiador e professor universitário

Roberto D'ugo Jr.
Radialista e professor universitário

Roberto Nonato
Jornalista

Roberto Souza
Jornalista e radialista

Rodolfo Bonventti
Jornalista e professor universitário

Rogério Assis
Radialista

Roxane Ré
Radialista e jornalista

Rubens Palli
Radialista

Rui Taveira
Radialista

Salomão Ésper
Jornalista e radialista

A reinvenção do rádio: do AM ao podcast

Samuel Gonçalves
Radialista

Samuel Mattos Heinzle da Silva
Radialista

Sérgio Bocca
Locutor e apresentador

Sérgio Cursino
Redator, âncora, locutor e apresentador

Sheila Magalhães
Jornalista

Silvio Ribeiro
Radialista

Silzete Moreira Marques
Publicitária e professora universitária

Tamiris Felix
Radialista

Thiago Uberreich
Jornalista e escritor

Toni Vaz
Comunicador

Valdenê Amorim
Comentarista esportivo

Vanessa Calheiros
Locutora e jornalista

Vera Moreira
Radialista

Vicente William da Silva Darde
Jornalista e professor universitário

Vitor Brown
Jornalista

Wannessa Stenzel
Jornalista

Weber Laganá
Radialista

Yara Peres
Professora, jornalista e produtora

Zancopé Simões
Jornalista e radialista

TEM QUE LER!

O que é verdade?
Pilatos

Não interessa se é e-book, celular, computador ou livro físico. "Precisa ler", já se despede o gato Faísca. Tem que ler, repetimos. Não precisa começar com os livros que já publicamos, mas, para inflar o nosso ego, aí vão:

BARBEIRO, Heródoto. **Falar para liderar**: ninguém chega lá sem falar com eficiência. São Paulo: Actual, 2020.

BARBEIRO, Heródoto. **Mídia training**: como usar as mídias sociais a seu favor. São Paulo: Actual, 2020.

BARBEIRO, Heródoto; LIMA, Paulo Roberto de. **Manual de rádio, televisão e novas mídias**. Rio de Janeiro: Elsevier, 2018.

BARBEIRO, Heródoto; LIMA, Paulo Roberto de. **Manual de radiojornalismo**. Rio de Janeiro: Campus, 2010.

BARBEIRO, Heródoto; LIMA, Paulo Roberto de. **Manual de telejornalismo**. Rio de Janeiro: Campus, 2014.

BARBEIRO, Heródoto; RANGEL, Patrícia. **Manual de jornalismo esportivo**. São Paulo: Contexto, 2008.

BARBEIRO, Heródoto; SIMONS, Udo. **Jornalismo para leigos**. Rio de Janeiro: Alta Books, 2020.

DRUCKER, Peter. **Tecnologia, administração e sociedade**. Rio de Janeiro: Campus, 2011.

MARTINS, Zeca. **Propaganda é isso aí!**: um guia para novos anunciantes e futuros publicitários. São Paulo: Actual, 2020.

TRANJAN, Roberto. **Não durma no ponto**. São Paulo: Gente, 1999.

VÍTOLO, Fernando. **Vendas para quem tem pressa**. São Paulo: United Press, 2024.

VÍTOLO, Fernando; BARBEIRO, Heródoto; FRATESCHI JR., Nilo. **100 anos de rádio no Brasil**: na voz dos campeões do microfone. São Paulo: Lafonte, 2022.

VÍTOLO, Fernando; BARBEIRO, Heródoto; FRATESCHI JR., Nilo. **Manual do New Rádio**. São Paulo: Actual, 2024.

REFERÊNCIAS

ADNEWS. Investimento em mídia via agências de publicidade alcança R$ 57 bilhões em 2023. **Adnews**, 13 maio 2024. Disponível em: https://adnews.com.br/investimento-em-midia-via-agencias-de-publicidade-alcanca-r-57-bilhoes-em-2023/. Acesso em: 10 jan. 2025.

BARBEIRO, Heródoto. **Relatórios da CIA**: as ameaças ao futuro do mundo. São Paulo: Coerência, 2020.

BRAGADO, Louise. Grupo de mídia alemão alerta que IA pode substituir jornalismo e diz que vai cortar empregos. **Época Negócios**, 1 mar. 2023. Disponível em: https://epocanegocios.globo.com/tecnologia/noticia/2023/03/grupo-de-midia-alemao-alerta-que-ia-pode-substituir-jornalismo-e-diz-que-vai-cortar-empregos.ghtml. Acesso em: 3 jan. 2025.

BRAUN, Daniela. TV e vídeo alcançam 99,6% da população. **Valor**, 10 abr. 2024. Disponível em: https://valor.globo.com/empresas/noticia/2024/04/10/tv-e-video-alcancam-996-da-populacao.ghtml. Acesso em: 16 jan. 2025.

CIALDINI, Robert. **As armas da persuasão**: como influenciar e não se deixar influenciar. São Paulo: Sextante, 2012.

FEDERAÇÃO DO COMÉRCIO DE BENS, SERVIÇOS E TURISMO DO ESTADO DE SÃO PAULO (FECOMERCIOSP). E-commerce sustenta crescimento pós-pandemia e deve registrar vendas recordes em 2024. **FecomercioSP**, 28 out. 2024. Disponível em: https://www.fecomercio.com.br/noticia/e-commerce-sustenta-crescimento-pos-pandemia-e-deve-registrar-vendas-recordes-em-2024. Acesso em: 5 fev. 2025.

GALLO, Carmine. **Storytelling**. São Paulo: Alta Books, 2019.

GELLER, Valerie. **Beyond powerful radio**: a communicator's guide to the internet age. Londres: Routledge, 2011.

GONÇALVES, Ana Beatriz. CEO da Campus Party diz que edição de 2021 foca em metaverso e 5G: 'O futuro é agora'. **GQ**, 13 nov. 2021. Disponível em: https://gq.globo.com/Noticias/Tecnologia/noticia/2021/11/ceo-da-campus-party-diz-que-edicao-de-2021-foca-em-metaverso-e-5g-o-futuro-e-agora.html. Acesso em: 3 jan. 2025.

KANTAR IBOPE MEDIA. 90% dos brasileiros consomem algum formato de áudio, como Rádio, streaming ou podcast. **Kantar Ibope Media**, 20 set. 2023. Disponível em: https://kantaribopemedia.com/conteudo/inside-audio-2023/. Acesso em: 16 dez. 2024.

KANTAR IBOPE MEDIA. Estudo da Kantar Ibope Media indica que consumo de rádio aumentou e alcança 80% dos brasileiros. **Kantar Ibope Media**, 20 set. 2021. Disponível em: https://kantaribopemedia.com/conteudo/estudo-da-kantar-ibope-media-indica-que-consumo-de-radio-aumentou--e-alcanca-80-dos-brasileiros/. Acesso em: 10 jan. 2025.

MEIO & MENSAGEM. YouTube é a plataforma online de vídeos mais assistida no Brasil, indica Kantar. **Meio & Mensagem**, 28 fev. 2024. Disponível em: https://www.meioemensagem.com.br/midia/youtube-plataforma-de-videos-mais-assistida-no-brasil-indica-kantar. Acesso em: 13 jan. 2025.

MOWAT, Jon. **Video marketing**: como usar o domínio do vídeo nos canais digitais para turbinar o marketing de produtos, marcas e negócios. Belo Horizonte: Autêntica Business, 2018.

OBSERVATÓRIO DA COMUNICAÇÃO PÚBLICA (OBCOMP). Reuters Institute aborda novas dinâmicas do consumo de notícias no mundo. **Obcomp--UFRGS**, 20 jun. 2024. Disponível em: https://www.ufrgs.br/obcomp/br/reuters-institute-aborda-novas-dinamicas-do-consumo-de-noticias-no--mundo. Acesso em: 21 jan. 2025.

PODER360. Investimento em publicidade foi de R$ 80 bilhões em 2023. **Poder360**, 30 maio 2024. Disponível em: https://www.poder360.com.br/midia/investimento-em-publicidade-foi-de-r-80-bilhoes-em-2023/#:~:text=Foram%20investidos%20R%24%2080%20bilh%C3%B5es,s%C3%A3o%20da%20Kantar%20Ibope%20Media. Acesso em: 10 jan. 2025.

PODER360. Mais de 500 jornalistas foram demitidos nos EUA em janeiro. **Poder360**, 1 fev. 2024. Disponível em: https://www.poder360.com.br/midia/mais-de-500-jornalistas-foram-demitidos-nos-eua-em-janeiro/. Acesso em: 3 jan. 2025.

REDE BRASIL ATUAL (RBA). Pesquisa revela que brasileiros estão entre os que gastam mais tempo nas redes sociais. **RBA**, 21 ago. 2023. Disponível em: https://www.redebrasilatual.com.br/blogs/blog-na-rede/pesquisa-revela-que-brasileiros-estao-entre-os-que-gastam-mais-tempo-nas-redes-sociais/. Acesso em: 22 jan. 2025.

SINDICATO DAS EMPRESAS DE RÁDIO E TELEVISÃO DE SANTA CATARINA (SERT/SC). Kantar Ibope Media aponta crescimento no consumo de rádio. Meio alcança 80% dos brasileiros. **SERT/SC**, 21 set. 2021. Disponível em: https://sertsc.org.br/site/kantar-ibope-media-aponta-crescimento-no-consumo-de-radio-meio-alcanca-80-dos-brasileiros/. Acesso em: 10 jan. 2025.

SISTEMA BRASILEIRO DE TELEVISÃO (SBT). The Noite alcança a marca de 11 milhões de inscritos no YouTube. **SBT**, 3 maio 2023. Disponível em: https://tv.sbt.com.br/programas/talkshow/the-noite/noticia/246521-the-noite-alcanca-a-marca-de-11-milhoes-de-inscritos-no-youtube. Acesso em: 8 jan. 2025.

SOBRE OS AUTORES

Fernando Vítolo é um empreendedor da comunicação. Iniciou sua trajetória no mundo do empreendedorismo e da comunicação digital aos 12 anos. É graduado em comunicação social com ênfase em rádio e TV. Atualmente, está à frente da *Younik* e também do seu programa de New Rádio que é veiculado no YouTube, onde realiza entrevistas sobre os mais variados assuntos. Contato: fernandovitolo.com.br.

Heródoto Barbeiro é jornalista, advogado, historiador, comentarista do portal R7 e âncora da Novabrasil (FM 89.7). Possui diversos livros publicados na área de jornalismo, história e budismo. Apresentou o Roda Viva da TV Cultura e o Jornal da CBN. Recebeu as premiações Grande Prêmio Ayrton Senna, Líbero Badaró, Unesco, APCA, Comunique-se. Apresenta o canal *Por Dentro da Máquina* no YouTube. Contato: herodoto.com.br.

Nilo Frateschi Jr. é publicitário, iniciou a carreira na J. Walter Thompson e teve passagens pelo SBT e pelas revistas *Manchete* e *Afinal*. Trabalhou na Rádio América, Cadeia Verde Amarela, Rádio São Paulo, Rádio Capital, Rádio Excelsior, Rádio Globo, Rádio Globo FM, Rádio CBN, Rádio BandNews FM (é um dos criadores da Rede BandNews FM), Rádio Antena 1, Rádio Paradiso, Rádio Estadão/ESPN e Rádio Eldorado. É um dos idealizadores do B.A.R. (Bons Amigos do Rádio), evento que homenageia profissionais do rádio.